高校信息素养教育体系构建研究

支岭　著

延边大学出版社

图书在版编目（CIP）数据

高校信息素养教育体系构建研究 / 支岭著. -- 延吉:
延边大学出版社, 2020.12
　　ISBN 978-7-230-00687-3

　　Ⅰ. ①高… Ⅱ. ①支… Ⅲ. ①高等学校－信息素养－
信息教育－研究 Ⅳ. ①G254.97

　　中国版本图书馆 CIP 数据核字(2020)第 255289 号

高校信息素养教育体系构建研究

著　　者：支　岭
责任编辑：金璟璇
封面设计：延大兴业
出版发行：延边大学出版社
社　　址：吉林省延吉市公园路 977 号　　　邮　　编：133002
网　　址：http://www.ydcbs.com　　　E-mail：ydcbs@ydcbs.com
电　　话：0433-2732435　　　　　　传　　真：0433-2732434
制　　作：山东延大兴业文化传媒有限责任公司
印　　刷：延边延大兴业数码印务有限责任公司
开　　本：787×1092　1/16
印　　张：17
字　　数：190 千字
版　　次：2022 年 3 月 第 1 版
印　　次：2022 年 3 月 第 1 次印刷
书　　号：ISBN 978-7-230-00687-3

定价：50.00 元

作者简介

支岭，女，河北省辛集市人，硕士研究生，毕业于山东理工大学。现任承德医学院图书馆馆员。主要研究方向为图书馆、情报与档案管理。近年来，一直从事高校图书馆与情报学的相关研究。

前　言

　　随着世界信息化的快速发展，人类开展各项社会活动都变得更为方便，这在很大程度上加速了人类对于信息的期盼和对于有效信息的适当利用。与此同时，在利用信息的过程中，总会存在这样或者那样的问题制约着人类信息化发展的进程，值得一提的是，制约因素中包括人类对于未知事物的无知。由此一来，高校信息素养教育在国内的高等教育中就占有非常重要的地位。面对社会上存在的制约信息社会健康发展的现象，我国相关教育部门在进一步推动高校信息素养教育的过程中，应在教育内容的审核方面加强重视。

　　我们应当清楚地意识到信息素养的本质其实是一种在全球信息化的过程中人类适应生存的基本能力；并且应当认识到全方位的高校信息素养教育内容主要有三大板块，即信息意识教育、信息能力教育、信息道德教育，这三者相互依存，相辅相成，不能单独存在。我们只有从根本出发，提高人们对于信息素养教育内容的正确认识，才能进一步开展高校信息素养的教育活动，同时也才可以使高校大学生的信息素养得到全方位提升；如果能上升到国家层面的话，亦使我国高校信息素养教育之路越来越明朗，有利于改善各项事业的发展质量。

　　从整体上来看，在高校内针对教师和学生共同开展素质教育，一方面可以帮助教师掌握信息处理的方式以及现代化的教学方式，从而适应信息化时代对于教师的技能要求；另一方面，有利于大学生自己根据需求查找有用的信息，提高学习效率，同时掌握信息检索的技能，进一步提高大学生的综合素质。

在编写过程中，笔者参阅了大量的相关资料，对相关文献的作者，在此表示感谢。由于编写时间仓促，书中难免存在不妥之处，敬请各位专家、学者、读者朋友们批评、指正。

目 录

第一章 信息研究与信息利用

第一节 信息研究的概念和类型

一、信息研究的概念

调查（包括信息检索）是了解情况，研究是解决问题。信息研究就是将调查和检索中得到的分散、零星的众多素材进行加工整理，使之系统化、综合化，从而发现其所包含的客观规律或某种趋势；通过逻辑思维和创造思维，使认识进一步升华而提出建议、方法或方案。

二、信息研究的类型

一般而言，信息研究大体上可以分为三类：创造性思维方法、逻辑思维方法和数学方法。

（一）创造性思维方法

它是一种以局部的事实为根据，经过粗糙的、模糊的推理，加上大胆的超逻辑想象的研究方法。它的特点是：部分事实加大胆猜想。

动用创造性思维方法应注意以下问题：

（1）做好前期工作。科学的灵感常常出现在灵机一动时，但它绝非灵机一动的产物。日常的资料积累、持之以恒的思考和艰苦深入的研究好比蓄水，灵感的到来就如同开闸。质的飞跃是建立在量的积累之上的。研究工作者要得到"灵感"的光顾，就要做好准备工作。

（2）随时准备着，记下每一个设想。创造性想象是一种随机性很强的思维活动，稍纵即逝。一篇文章、一席话、一件事都可能诱导出新思想、新发现，要珍视这些偶然闪烁的思想火花，记录下每一个细节。

（3）注意与其他方法互补。当创造性思维为研究项目打开思路，勾出远景后，要注意用其他方法对想象出来的观点或意见加以补充和论证，使之上升为科学的结论。

（二）逻辑思维方法

它是借助于思维对已知素材进行判断、比较、分析、推理、论证，从而得出结论的一种研究方法。它的特点是：推论严密，说服性强，但不精确；定性分析，综合宏观，但不具体。

应用逻辑方法研究问题应注意：论据一定要与论题相符，不能在无意中偷换概念；论据要充分，推理要严谨，论据不足不做推理，论据充足不做片面推理；推理要注意有度，防止超过临界条件的限度。

（三）数学方法

信息研究中的数学方法是运用数学统计以及各分支的概念、理论、方法，对研究对象进行数量、结构方面的计算和推导，从而深入揭示事物的内在联系。它的特点是：定量分析，结论具体，但难度较大。

第二节 信息研究的原则

信息研究的范围非常广泛，研究的课题也是多方面的。在课题确定以后，进行研究工作时，有些共同原则是任何课题都应该遵循的：

一、贯彻内外结合、交流互鉴的原则

科学技术没有国界，它们是人类的共同财富。世界任何国家和民族都有自己的长处，也都有自己处于世界领先地位的学科领域或者专业技术。社会的进步、科学技术的发展，正是各国人民相互交流、互相学习的结果。

我国是一个发展中国家，科学技术相对落后，更需要学习和借鉴国外的东西。尤其是现今处于互联网络时代，信息的来源非常广泛，传播非常快捷，为了正确贯彻好洋为中用的原则，在进行信息研究时，应该处理好以下关系：

（一）国内与国外的关系

所谓国内与国外的关系，是指把国内需要解决的具体问题与国外情况结合起来，立足国内，借鉴国外，有的放矢地引进国外的尖端科学和先进技术。

在国内与国外这一对矛盾中，国内是矛盾的主要方面。掌握情况和解决问题是一种因与果的关系。只有情况清，才能方向明。换言之，只有真正把准了国内问题的脉搏，有针对性地进行文献普查、报道国外情况，才能切合实际地解决问题。所以，信息研究人员必须首先抓好国内问题的调查，通过各种渠道了解课题所服务对象详细而又准确的情况，例如，该学科或者该技术目前在国内发展到了什么水平、遇到了什么困难、关键的症结是什么等。

（二）先进与适用的关系

先进与适用是两个不同的概念。先进性是一个时间上的概念，是指某一科学成就取得了突破性进展或者某一技术性能优越，达到了前所未有的水平。适用性是一个空间概念，主要指某一技术对于某一特定地区或者部门可以被采纳的程度。对于某一国家、某一地区来说，先进的东西不一定适用，适用的东西不一定是先进的。尤其目前我国的情况比较特殊，既有非常先进的现代化技术、方法，也有比较落后的技术，并且将会在一个相当长的时间内仍然是这种状况。因此，信息研究人员应该更加注重适用性，积极报道、大力引进那些符合本国、本地区实际情况的经验和技术。

二、提倡和坚持百家争鸣原则

信息研究是人们观察世界科学技术发展动向的一个窗口，信息研究人员的亲疏好恶将影响科学技术发展情况报道和评论的真实性、科学性，最终导致管理人员决策的失误。因此，提倡百家争鸣原则是在信息研究中必须遵循的一个重要原则。所谓提倡百家争鸣原则，就是信息研究人员不介入学术上的观点之争、流派之争；不亲不疏，不偏不倚，一视同仁地如实报道、客观评论各个国家、各种流派的学术观点、科学研究成果和技术发明。这是从职业的需要出发看待提倡百家争鸣原则的重要性。更重要的是，从科学研究本身的机制和规律来看，也只有提倡百家争鸣原则，才能促进科学技术的发展。

三、"大"信息与"小"信息相结合

所谓"大"信息，是指正式出版物中那些撰写费时、篇幅较长和影响较大的大块论文、系统研究报告等。所谓"小"信息，是指零星的消息报道、图片以及图片上所附加的说明文字、无文字记录的非正规谈话等。这些所谓"大"信息与"小"信息，是从出版的形式、篇幅大小、公布方式以及人们的重视程度来划分的。在日常生活中，一些不被人们重视、不起眼的信息往往是非常重要的，通过对它们的分析研究，会得到非常有价值的结论。

第三节 信息研究的方法

信息研究是科学研究的组成部分。由于它主要是运用逻辑思维和推理的手段以及一些数理模型等方法，对占有的大量素材进行分析、演绎、推理、归纳、综合，找出规律，发现问题，得出结论，提出见解的，因此，研究者自身的创造性和科学想象能力，就显得异常重要。没有科学的想象力和创造性，记录下来的资料就不能变成有活力的知识与理论。

一、比较法

比较是确定事物之间差异点和共同点的逻辑方法。比较法是分析、综合、推理研究的基础。在判断信息的可靠性、先进性和适用性时常使用比较法。比较法包括对比法和类比法。对任何事物的研究，有比较才有鉴别，有鉴别才能择优，有择优才能提高、才能发展。通过比较可对客观事物作定量的和定性的分析，揭示不易发现的事物本质上的异同，还可以找出空间上同时并存、时间上前后相随的事物之间的同一性和差异性。

二、分析法

分析法是把整个复杂的事物分析为各种简单因素及其关系，以分别进行研究，找出其中的主要因素及其关系的一种逻辑方法。在事物的发展过程中，存在着各种各样的因素及其关系，其间必有一个是主要的；由于它的存在和发展，规定和影响着其他因素和相互关系的存在和发展。分析法就是透过由各种关系构成的错综复杂的表面现象，把握事物本质的一种研究方法。它具体包括定向分析、层次分析、因果分析、数据分析等。分析法较比较法前进了一步，能在查找差距或矛盾的基础上分析事物形成的原因，但分析法也有其缺陷，就是容易产生片面性，所以必须把它与综合法结合起来使用。

三、综合法

综合法是把与事物发展有关的众多片面的、分散的素材进行归纳，把各部分、各方面的多种因素联系起来，系统地加以考察，窥其全貌，以获得对事物整体认识的一种逻辑方法。综合绝不是对素材牵强附会地聚集、组织和编排，也不是对事物简单地罗列、相加和堆砌，而是按照事物各部分之间固有的联系，从总体上把握其发展规律的一种方法。

四、推理法

推理法是在掌握已知事实、数据或因素相关性的基础上，通过因果关系、特定关系等依次推论，最终得出新结论的一种由此及彼的研究方法。推理法可分为归纳推理和演绎推理。归纳推理是利用信息资料的特征和某些性质上的相同点，推知其在另一些性质上也相同。演绎推理是从大量素材中寻找出事物间的相互联系，而推导出新的结论或问题。不管哪种类型，推理都是由三部分组成的，即前提、推理过程和结论，三者缺一不可。

五、相关分析法

该方法是利用事物之间内在的或现象上的联系，从一种或几种已知事物判断未知事物的方法。在信息研究中，常常利用相关分析，由已知信息来推出未知情况；还可以根据已知效果反推未知之因。使用相关分析法的关键在于调研人员具备足够的相关科技知识和进行过深入的调查研究，才能进行由此及彼、由表及里和去伪存真的分析。

六、变换角度法

这是突出发散思维过程，鼓励从不同角度、不同侧面来思考问题的一种方法。在科研过程中，当人们遵循某一模式研究问题得不到满意结果，而改从其他角度研究这个问题时，往往会使研究工作获得进展，或使问题得到满意解决。这种方法也常用在从一个角度去研究事物得到结论后，为防止片面性，有意识地变换一个角度，从另一侧面来研究、论证这一结论。

第四节 信息利用的层次和要求

所谓信息利用，是指信息用户对信息吸收和运用的活动与过程。信息利用是信息获取、阅读、整理、研究等环节的延续，同时也是在信息获取、阅读、整理、研究等环节的基础上得到完成的。

人类的各种社会活动是产生信息的主要源泉，而信息又对人类的各种社会活动起着积极的作用。随着社会信息化进程的不断加快，一方面，人们对信息的依赖程度越来越高，信息深刻地影响着人们的思维方式、生产方式、工作方式和生活方式；另一方面，人类存贮和检索信息的能力也越来越强，信息作为一种取之不尽、用之不竭的特殊资源必将得到更为充分有效的利用。人们对信息利用的水平，是人类社会文明程度的重要标志。

一、信息利用的层次

由于信息的繁杂性，用户科学文化水平的不同和社会活动的多样性，信息利用呈现出层次性。

（一）浅层利用

用户只从表层粗浅地接触信息，不求深入地掌握其内容实质，借此可以获得某些表面的、零散的知识和消息。例如，为了解国际、国内、本地的新闻和时事而阅读报刊，为业余消遣而阅读文学作品，为了解某个专业书刊的出版情况而浏览出版目录。

（二）中层利用

用户较深入地利用信息，力求掌握其内容实质，用户可以获得比较实际的、系统的知识。例如，为解决某些具体问题而到参考工具书中找答案，为提高教学质量而不断地利用新书刊补充教学内容，为提高业务技能利用书刊进行自我教育。

（三）深层利用

用户创造性地利用信息，深入掌握信息内容实质，对信息进行分析和研究。例如，为了课题攻关、技术革新、发明研制而利用信息，为写作学术论文而以原有信息为依据演绎出新的理论观点。

二、信息利用的要求

信息利用作为一种社会活动，是与决策管理、教学工作、科学研究、技术研究、产品开发、市场销售等社会活动息息相关的。为了在各种社会活动中优质、高效地利用信息，有必要注意以下要求：

（一）主动利用

无论从事何种职业的信息用户，都应具有利用信息的自觉性和灵敏性，而这些又取决于信息用户利用信息的热情以及对本职工作的熟悉程度。

（二）对口利用

所利用的信息有助于社会活动的顺利进展和圆满完成，因而要密切注意其针对性和真实性。

（三）适时利用

利用信息应抓住"战机"。信息利用相对于用户从事的工作需要有一个提前量，但要量度适宜，过早则尚未萌发决策之意，过迟就不免成为明日黄花。

（四）充分利用

用户所获得的信息中往往包含着许多有用的信息点，只有将其充分地分析研究出来，并最大限度地加以吸收和应用，才能更有效地促进用户完成自己的任务。

（五）全面利用

用户所要利用的信息，往往来自多种渠道，涉及多个侧面，如果忽视其广泛性和全面性，就可能因为漏掉某个角度或某个细节的内容而给工作带来损失。

（六）精炼利用

用户所获取的信息，在许多情况下是零乱的、片断的，如果对其进行一定的加工、整理、概括、归纳，使其系统化、浓缩化、条理化，在利用时会相对省时省力。

（七）科学利用

用户在利用信息时应充分把握其内在规律，采用先进的、实用的、有效的科学方式、方法，这对于提高信息利用的效果和质量，会起到事半功倍的作用。

（八）经济利用

用户应遵循"最省力原则"，花费最小的成本、最少的时间，取得最佳的信息利用效果，如在选择手工处理方式或计算机处理方式时，应根据需要合理选择。

三、科学研究工作中的信息利用

科学研究作为一种生产劳动，主要是通过获取和利用信息，特别是文献信息的方式，生产出对社会发展有用的新知识。因为科学研究具有连续性和继承性的特点，所以充分掌握和有效利用国内外有关的文献信息，不仅可以避免科研工作中的重复劳动和走弯路现象，而且还可以吸取已有的科研成果，以较少的人力、物力、财力尽快取得科研成功。信息利用的特点是：

（1）科学性强。所利用的文献要求数据准确，事实正确，理论严密，技术可行。

（2）创造性强。要求利用文献中的新思想、新材料、新数据，以激发科研人员创造出新理论、新产品、新结论。

（3）专业性强。利用的文献范围较窄，对内容研究、理解、吸收的程度非常透彻。

（4）多样性强。科研工作所利用的文献品种多样，并且既注意从正式交流渠道获取文献信息，又重视从非正式渠道获取文献信息。

（5）阶段性强。在课题的选定、计划、进行、鉴定等不同阶段，利用文献的目的和形式各不相同。

第一，科研选题阶段。在科研工作中，选择和确定具有创造性、应用性的研究课题至关重要，而选题必须把握国内外有关的最新科技信息和市场信息的动向，从中了解科研动向和科研成果转化为社会生产力的情况，以寻找突破口。选题有两种方式，一种是经上级选定后指派下来的课题，另一种是由科研人员自己选取的课题，无论哪种方式都必须对课题的可行性和新颖性进行论证。深入地利用信息，能使科研人员明确了解科研课题的概况，并在此基础上确定这一课题的水平、意义及其在所属领域的影响。

第二，计划制订阶段。科研规划和计划是科研管理的核心，也是科研工作的保证。在制订科研规划和计划时，需要时刻掌握和了解该领域的进展和最新成果，以便确定能否把国内外最新科技成果用在自己的研究项目中。在此基础上，应对该领域的文献信息状况做出客观估计，弄清国内外科技界将会出现什么苗头，哪些课题已经转移，哪些课题是重点。

第三，课题进行阶段。在课题进行阶段，必须不断深入地研究前人的文献，在坚实的理论和前人工作的基础上，调整科研计划，更新试验方法，并进一步明确课题中包含的问题，透过表面的现象抓住内层的实质问题，把不确切的问题变成确切的问题。在课题进行阶段，最好是通过定题服务，定时、定期地对信息进行分析，以求及时掌握最新成果，若遇到某些难题，也可以通过专家咨询或研究科技动态，以开阔思路，解决难题。

第四，课题鉴定阶段。此阶段主要是针对成果鉴定和课题总结的要求获取和利用相关的背景材料。首先，需要大量的文献信息作论据，并由科研管理部门召开同行专家、工程技术人员、权威部门的有关人员、管理人员、用户单位的技术人员参加的鉴定会，对科研成果的创造性、科学性、实用性做出切合实际的评价。其次，多数的科研成果都是以学术论文、研究报告的文献形式表现出来的，使得科研成果变成了社会的知识。

四、管理工作中的信息利用

管理是人类组织社会活动的一种最基本的手段，无论进行何种社会活动，都离不开管理。信息是管理的要素，没有信息，管理活动就变成了无源之本，势必造成混乱和低效。从某种意义上来说，管理就是搜集信息和充分利用信息，将搜集来的最新信息变为行动。

在管理活动中，每一个阶段都与信息密不可分，决策要以信息为依据，计划要以信息为基础，实施要以信息为保障；而且信息又是组织系统发挥最佳功能的有效纽带，是统一全体职工思想意志的必要手段，是实现民主管理的重要因素。在管理活动中，如果信息缺乏，就不能在各项活动中考虑到影响事件发生的主要因素，从而给管理活动的顺利进行带来很大困难。一般来说，不同层次的管理对信息利用的特点有所不同。

基层管理的目标较清楚，工作内容细微详尽，多为重复性的日常业务和事物信息的搜集、存贮、处理、保管、检索、输出等，目的是直接产生一种活动或产品的结果。其信息来源主要有外部信息和内部信息。前者主要指执行决定过程中来自外界的有关信息；后者主要指高层管理者决策并经中层管理者制订或解释的限制性信息。

中层管理以实现管理功能和管理技术为对象，以支持和执行决策系统的决定和工作为主，是压缩和分解信息的重要环节。其信息来源主要是内部信息，包括有关限制性信息和下级管理层提供的汇总性信息，经过分析对比后向领导和基层提供管理效能方面的情况。

高层管理的主要任务是根据掌握的内部和外部信息，制定决策方案，提出分析对策和执行报告，权衡对策和方案的利弊得失。由于人们的正确认识不是一下子就能完成的，所做出的方案往往会出现与客观实际不符合的地方，因而高层管理的决策者要随时获得执行者反馈回来的情况，以便采取相应措施，保证目标的实现。在管理活动中，实质环节是决策，即根据预定目标做出行动的计划安排。决策的每个阶段都需要大量的文献信息的支持。

（一）确定目标阶段

首先要进行大量的调查研究工作，包括全面搜集相关的文献信息。人们在获得一定数量的信息后，就会对周围环境和所要处理的问题有一个比较深刻的理解，可以借此彻底弄清楚问题的性质、特点、目的、范围和影响，找到决策的目标。其次是在掌握大量信息的基础上进行预测，确定解决问题的各种尝试和设想，依据各种过去和现在的信息进行分析和研究，判断未来的变化状况和发展趋势。

（二）拟订方案阶段

对获取的各种信息进行加工、整理、分类、排列，运用分析、鉴别、综合、推理、判断等逻辑思维方法加以去粗取精、去伪存真，拟定和设计出各种解决问题的方案计划，并明确其可能性，以供决策者选择。

（三）选择方案阶段

这是决策的最后阶段，关系到决策的成败，即对各种方案进行全面的技术论证、综合平衡、对比分析，从中选择出最佳方案。选择的方法一般有三大类，即经验判断、数据分析、试验，其中哪一类也离不了文献信息，不管决策者采用哪一种方法，都有赖于其对信息掌握的多少和对信息的判断能力。

管理活动的整个过程是不断利用信息及文献信息的过程，其特点是：

（1）综合性强，涉及科技、社会、经济等多方面的信息。

（2）准确性强，要求准确无误；

（3）时间性强，要求快速及时；

（4）预见性强，要求预测未来；

（5）政策性强，要求符合各方面的法律及规章制度等。

五、学校教育中的信息利用

随着现代科学技术的飞速发展，社会知识信息不断增长和更新，技术和产品开发的速度也日趋加快，从而对学校教育提出了挑战，社会对教育发展的数量、质量以及教育改革也提出了新的要求。文献信息在知识传递和智力开发的过程中，在学生学习、教师教学和教育管理的各个环节中具有不可替代的作用。在教育改革方面，随着社会主义现代化建设的前进，我国的教育事业正以"面向现代化，面向世界，面向未来"为目标，不断改革那些与经济、科技发展不相适应的教育体制、教育内容和教学方法，学校的社会职能也开始发生变化，竞争越来越强，信息交流越来越广泛。

无论是宏观上教育制度、教育结构的改革，还是一门课程的讲授，都需要教育工作者从文献信息中及时吸取国内外教育改革正反两方面的经验与教训，了解党和国家的方针、政策和上级指示，学习科学理论和正确的教育思想，把握社会环境和教育事业的发展趋势。知识的不断更新，要求教学活动与之相适应；在学校的专业设置和专业改革中，更需要从文献信息中了解国内外科技和教育的发展动向，获取国内外最新知识和研究成果。

在教材建设方面，为了搞好课程结构改革和提高教学质量，教学需要有适用的教材。教材建设始终与文献信息利用密不可分，而教材本身就是一种文献信息。对教学人员来说，他们始终关心着教材的先进性、科学性、适用性和多样性，经常需要利用国内外同类专业教材，并不断更新发展，推陈出新。充分有效地利用文献信息可以把握科学技术的发展，有利于教材内容的更新，即反映科技成果，增加科学概念；吸收科技成果，修正科学概念；运用科学成果，发展科学概念。充分有效地利用文献信息，可以透彻地分析研究其他教材中合理的、科学的成分，有利于正确处理教材体系与学科体系的关系、本课程教材体系与其他课程体系之间的横向联系，建立起适应科学技术发展水平和教学需要的新的教材体系。

在教学内容方面，专门人才的培养及其智力的开发，是一个由多种要素组成的复杂系统，并伴随着科学的进步处于经常的变化之中。通过对各种文献信息的利用，可以掌握所需人才类别、讲授何种课程、使用何种教学用书、采取何种教学方法等。教学内容的预测、更新和教学环节的安排，主要是建立在对大量文献信息搜集、研究、预测的基础之上；它特别需要与教育有关的科技进步和经济、社会发展的预测性信息；基础理论、专业理论和基本技能等应占多大比重的预测性信息；专业改造、设置、构成和定型的预测性信息；教材情况、教学方法、教学安排和培养要求的预测性信息。只有这样，才能比较全面地了解所需知识的质和量，确定课程内容的范围和要达到的程度，拟定相应的教学大纲。学校各项活动需要符合以下内容：

（一）党和国家的方针、政策和上级指示

尤其是教育方针和政策及上级教育领导部门对某一时期、某项工作任务的有关指示，这是安排好学校工作的主要依据。

（二）相关领域的科学理论

如要制定学校发展规划目标时，就应研究有关教育与政治、经济关系的科学理论。

（三）教学方面和管理方面的知识及经验

如教学管理、课程管理、教材管理、师资管理、学籍和学位管理、教学设备管理、学生工作等方面的文献信息。

（四）专业知识

专业知识，即所涉及专业的动向、成果、产品、创造、发明等。所需文献信息类型主要有教材、教学参考书、教学大纲、工具书、专著及有关音像文献、实验设备说明书等。

六、经济建设中的信息利用

经济建设是发展社会生产力，创造社会物质文明的主要途径。国内外经济发展的历史表明，社会经济发展的速度和效果，在很大程度上取决于科学的经济管理和人们对信息的掌握利用。特别是在生产技术日新月异、新产品层出不穷、经济情况瞬息万变的今天，如果不高度重视信息，就会在错综复杂的经济活动面前显得手足无措。在各种经济活动中，对于文献信息的利用是非常广泛和频繁的。

（一）技术开发方面

经济建设中的技术开发主要有两种情况：一是技术研究开发，即在成熟的理论研究的基础上进行的技术研究工作；二是技术转移开发，即在引进、吸收、消化先进技术的基础上进行的技术开发研究活动。其形式主要有共同研究、合作生产、补偿贸易、合资生产、技术咨询和培训、专利和许可证生产等。在技术开发的不同阶段，对于信息的利用有着不同的内容：

（1）技术开发决策阶段。主要是通过文献信息利用为开发项目的确立和可行性研究服务。该阶段应从各类文献信息中掌握企业的生产技术和经营情况、市场需求情况，寻求技术开发的大致内容、方向和形式，拟定宏观开发计划；掌握国家有关技术开发的相关政策与管理条例，了解有关部门的基本要求与指导性意见；掌握技术开发的环境、资源、能源的消耗情况，短期和长期效益；掌握有关技术的国内外进展情况、当前水平与未来趋势以及在同类技术中的地位。

（2）技术开发实施阶段。主要是通过信息利用为项目实施论证、组织、开发攻关等工作服务，并立足于解决实际问题；应从信息中查找掌握技术的形式、结构要素、基本原理、数据、事实与技术关键；分析掌握项目进度、计划执行情况和出现的问题；等等。

（3）鉴定与投入阶段。主要是利用文献信息为成果的评估鉴定和投入应用服务。从文献信息中，可获取技术经济信息和各方面的综合情况，以便对项目进行全面的技术经济评价和效益分析，发现存在的问题，达到技术创新和技术完善的目的，为技术进入技术市场提供管理决策依据。

（二）产品开发方面

无论是老产品的改进还是新产品的研制，都必须以一定的生产技术作保证。产品开发一般有产品构思、市场分析与论证、试制、试销、投入市场后的调查与分析等环节，在各环节中主要应从文献信息中获取以下内容：

（1）产品设计信息。如同类产品或零部件的有关数据和资料信息；有关产品或零部件的新理论、新结构、新材料、新工艺等方面的资料；有关产品及零部件试验、测试的新方法、新手段等；有关环保、能源、税收等方面的规定。

（2）产品工艺信息。如企业的生产条件和各种有关数据，同类产品的加工成本和质量、加工工艺和流程、材料和配方、设计资料、外购件供应情况和经验。

（3）产品供求信息。如产品价格、品种质量、包装与服务情况、市场动态、消费趋势等。

（三）市场销售方面

市场销售的影响因素和所涉范围是非常广泛的。因此，在市场销售中，对文献信息的利用是综合性的，主要有以下几个方面：

（1）对国民经济发展状况的了解。国民经济发展状况的起伏会导致生产和消费的波动，对其了解便于掌握市场的波动情况，使人们对销售旺季和淡季有所准备，并采取对策。

（2）对国际市场行情的了解。国际市场行情的变化必将涉及国内市场，把握国际大趋势才能放眼未来。

（3）了解用户需求情况及变化，了解产品市场销售现状和前景。

（4）了解竞争对手情况。如对手的产品开发情况、生产条件、技术水平、用户反映等信息。

（5）了解商业信息及销售渠道信息。对其了解有助于选准产品投放时机和投放数量。

（6）了解开辟产品新市场的信息。如地理环境、气候、用户生活习惯等，这些对产品的结构、功能、款式、价格都有很大影响。

在经济建设中，所需求的文献类型主要有专利文献、技术档案、产品样本、产品目录、技术标准、科技期刊、报纸、广告、统计资料、用户调查资料等。

第五节 信息利用的方法

一、信息综合法

信息综合法是以方法论中的综合法为基础而扩展开来的方法。它是指在深入分析、认识有关信息的基础上，根据需要和它们之间的逻辑关系，将信息有机组合起来，进而形成一种新的统一认识的方法。

信息综合法一般可分为简单综合和辩证综合两大类。所谓简单综合，是指"部分相加等于整体"的一类综合，它包括纵向综合和横向综合，现象、外观综合和方面综合，等等。纵向综合是指将过去的信息和现在的信息进行的综合；横向综合则是指将不同地区、不同学科、不同方面的信息进行的综合；而现象、外观综合，则是指将外观上具有某种逻辑联系的信息合成为整体的综合，比如火力配备图、矿产分布图等；方面综合则是指将客体某一方面的信息以系统的形式再现出来的综合，比如工厂的生产流程图、人的消化系统图等。概言之，信息的简单综合以及被综合的对象之间基本上是一种加和关系，即部分相加等于整体。

所谓信息的辩证综合，是指有关信息经过综合之后包含着发展，或从简单中能推演出复杂，或从信息群中能发现其共同的本质或规律性的一类综合。

辩证综合大体上有三种基本形式：

（一）兼容综合

兼容综合是指将来自不同角度、方面、层次的信息，综合起来兼顾考虑，以达到多样统一的综合。比如在地震之前，往往会从不同角度体现出相关信息，有天空云彩的变化，有动物的异常反应，还有地下水位的变化以及电磁异常，等等。掌握了这些反应信息并将其兼容综合起来，就得出了即将发生地震的结论。

（二）扬弃综合

扬弃综合反映在掌握一些相互矛盾、内容对立信息的基础上，去伪存真。也就是既有扬弃又有保留，在看似对立的信息中求得统一结论的综合。

（三）全息综合

全息综合是指在复杂多样的信息中，要选取能包容整体所有信息内容，且富有代表性的一个局部信息，并由此而做出整体性判断的一类综合。

无论在自然界还是人类社会中，都存在着局部包含整体结构缩影的信息，称之为结构全息。新发现的生物全息律认为生物体的任何一个部分都包含整体信息，都是整体成比例的缩小。在社会上，一个工厂、村庄以及一个家庭，在某些方面就是全社会的缩影，这就是"全息"的意思。

二、信息推导法

信息推导法是建立在逻辑推理基础之上的。它是依据已知的公理、定理、规律或事物间的某种关系，对所掌握的信息作合理的推衍、延伸或放大，从而获得某种新质信息的过程。

信息推导法着眼于信息内涵的开发，通过创造性思维活动，它既能从已知信息推出未知信息，从现实信息推出未来信息；也能从一步推导到多步推导，从事物发展变化的直接结果推导出经过一定阶段之后的间接结果。因此，它是开发信息、利用信息的一种十分重要的方法。

（一）信息推导法的形式

（1）因果推导。因果推导是指以表征某些事实的信息为起点，依据事物的因果关系而推导出由该事实引起的发展变化，从而得出某种新质信息的过程。

因果推导在时间上有前后相继性，即先因后果，故具有纵向思路的特点，它能使人的思路一步步地向纵深发展，从而得出某种新质信息或结论。

（2）关联推导。关联推导是指以表征某些事实的信息为基点，依据事物间的某种关系或规律，推导出由该事实引起的某种反应或后果，从而获得新质信息的过程。

无论自然界还是人类社会，万事万物本质上是相互联系、相互依存的。关联推导所依据的正是这种事物普遍联系的法则。当然事物的联系有各种表现形式，因果关系只是其中之一。但是关联推导与因果推导不尽相同，这主要表现在以下两个方面：一是因果推导是以纵向思路的形式展开，先因后果，步步深入；而关联推导一般都是以横向思路的形式展开，在事物之间寻找连接点。二是关联推导是从因果关系以外的其他一切关系中，包括利用各种公理、定理、规律以及事物间的各种错综复杂的关系去发现事物的联系，因此，它所联系的方面、范围都比因果推导广泛得多。

（3）辐射推导。辐射推导是指以表征某事实的信息为中心，依据辐射思路的模式和有关规律或关系，沿着不同方向或途径而推导出由该中心所引起的不同反应或后果，从而获得新质信息的过程。

辐射推导是依据辐射思路的模式思考问题的，因此它能有效地拓宽人们的思维空间，使人们对问题作多角度、多层次、多方位的思考。例如，以某地农业获得大丰收这一信息为中心，就能推知该地区购买力的增长情况、农民储蓄的增长势头、交通运输货运量的上升水平以及对农业生产资料的需求增长等。

（4）回溯推导。回溯推导是指以表征某事实的信息为结果，通过由果及因的回溯分析而推导出产生该结果的原因，或者推导出产生某种现象的本质，从而得出新质信息的过程。

回溯推导具有反向思维的特点，它能有效地冲破习惯思维的束缚，从而获得一般人意想不到的新质信息。在回溯推导过程中，可能推导出该"结果"的原因有多个，此时则应选取其中最能解释该"结果"的原因，经验证属实之后再上升为新质信息或结论。

（5）类比推导。类比推导反映以表征某两种事物相似的本质特征的信息为对象，通过分析类比而找出它们之间的相似或相同点，再以此为基础将其中一事物的有关知识或结论推移到另一事物上去，从而获得新质信息的过程。

类比推导是以比较为基础的推导形式，因此一定要紧紧抓住事物相似的本质特征进行比较，而不要在那些次要的或非本质的相似性上大做文章。同时还要尽可能地多作一些观察性的比较，对事物相似的数量掌握得越多越好，这样所得出的新质信息就更加可靠。

（二）信息推导法应注意的问题

（1）要把握根据的真实性。根据是指在推导中作为"基点""起点""中心""结果"等的那些信息，它们是推论的根据和基础，因而必须是真实的。根据不真，建立在此之上的所有结论就犹如空中楼阁。

（2）要坚持规则的严肃性。信息推导以逻辑推理为基础，而逻辑推理又有一定的推理规则。由于信息推导与逻辑推理的特殊关系，因此推理规则对信息推导也同样是十分重要的。一般来说，凡属于以演绎、归纳、类比等逻辑推理为基础的信息推导，都应该按照相应的推理规则进行，否则结论就会失真。

（3）要注意思维的灵活性。信息推导以逻辑推理为基础，并在此基础上不断发展。信息推导除了以演绎、归纳、类比等推理的主要形式，依据已知的公理、定理展开以外，还要发现事物间新的关系。然而事物间的关系又是极其复杂的，且表征事物运动的信息也不是始终都遵循着严格的逻辑关系运动的。因此，在推导中既要坚持规则的严肃性，又要根据不同对象及其环境条件去分析、考虑问题，甚至不排除个人的想象、直觉、经验、灵感等因素的作用。

（4）要验证结果的可靠性。无论采用哪种推导形式，信息推导的结论都具有一定的必然性，即使因果推导也不例外。因此，推导的结果应尽可能地用实践去验证，或者与从其他渠道所获得的信息印证。只有这样，才能确保所获得的新认识或结论的准确、可靠。

三、信息联想法

信息联想法就是从一条信息想到另一条信息或几条信息，从而受到启示，获得新的认识，产生新质信息的过程。

（一）信息联想法的形式

（1）相似联想法。相似联想法是指当一个人的大脑受到某种信息刺激时，很自然地想起同该条信息相似或相仿的某些信息，从而受到启示，获得新认识，产生新质信息的联想方法。

（2）对比联想法。对比联想法是指在大脑受到某种信息刺激时，很自然地想起与该刺激物完全相反的某条或某些信息，从而受到启示，获得新认识，产生新质信息的联想方法。

对比联想法在日常活动中的应用十分广泛。人们看到白的就联想到黑的，看到大的就联想到小的，看到冷的就联想到热的，等等。

（3）接近联想法。接近联想法是指在大脑受到某种信息刺激时，很自然地想起在时间上或空间上与该信息相接近的某种信息，从而受到启示，获得新认识，产生新质信息的联想方法。

接近联想法的跨度相对大些，所联想的事物不仅与信息的内容有相似性，更重要的是还有相关性。这种思维飞跃在产生新信息时是很重要的。

（4）自由联想法。自由联想法是指在利用信息的过程中，人们的心理活动不受任何限制，可以自由地从一种信息联想到另一种信息，从而受到启示，获得新认识，产生新质信息的联想方法。尽管这种联想法成功的概率相对来说比较低，但是它往往能收到意想不到的效果。

（二）信息联想法的要求

信息联想法绝不是胡思乱想，而是抓住事物的联系所进行的一种深入思考，世界上的事物本来就是普遍联系的，绝对孤立的事物是不存在的，因此我们可以从事物和现象的普遍联系中去发现线索，进行广泛、深入的联想。

联想要求人们有渊博的知识、广阔的视野，在大脑中保持着组织得体、整理有序的多层次、多部类的各种信息，这样在受到外界的某种刺激时就能一触即发，促使新质信息的产生。

四、信息图谱法

图谱本是指那些根据实物或某个具体问题而描绘、摄制和系统编辑起来的，标注各种数字，能表示各种情况的图和表的总称。而信息图谱法，则是指将存在某种内在联系的信息，通过图谱的形式一点一点汇集并表示出来，通过分析研究而获得某种新认识，产生新质信息的方法。

信息图谱法有以下特点：一是便于从整体上做出判断；二是便于从形象中直观地做出判断；三是便于透过现象看到事物的本质而从深层次上做出判断。正因为如此，信息图谱法成为利用信息的又一重要方法。众所周知，战争中敌我双方对自己的行为是严加保密的，为了某种需要而制造假情报，以假乱真的情况更是比比皆是，信息图谱法对解决此类问题有特殊作用。

第二章 网络信息资源检索工具

第一节 网络信息资源

一、互联网与网络信息资源

互联网给全世界带来了非同寻常的机遇。人类经历了农业社会、工业社会,当前正处于信息社会。信息作为继材料、能源之后的又一重要战略资源,它的有效开发和充分利用,已经成为社会与经济发展的重要推动力和取得经济发展的重要生产要素,它正在改变着人们的生产方式、工作方式、生活方式和学习方式。CNNIC 两次调研数据显示,短短 3 年间我国的信息获得方式就发生了重要变化。

现在,Web 应用的迅速发展和它的指数增长已广为人知,可利用的文本数据的总量就有千兆字节。另外,其他的一些媒体,如图像、音频和视频也大量存在。因为 Web 可以看成是一个非常大的、非结构化且无处不在的数据库,这就需要有效的工具来管理、检索和从数据库中筛选信息。

网络信息资源,即指以数字化形式记录的、以多种媒体形式表达的、分布式存储在互联网上不同主机的，并通过计算机网络通信方式进行传递的信息资源的集合，是计算机技术、通信技术、多媒体技术互相融合而形成的在互联网上可查找、利用的信息资源。

网络是当今获取信息的主要途径，它已经成为全球范围内传播科研、教育、商业和社会信息的主要渠道。从时间和空间上来说，网络对用户没有任何限制，覆盖全球，24 小时不间断；就信息符号而言，网络采用宽频传输文字、图像、影视、音频等；就服务而言，网络提供的信息服务包括数据库、文本、电子邮件、电子公告、电子论坛、博客等；就检索技术而言，网络采用人工智能、专家系统、超文本、友好交互界面等让用户方便访问网上的各种信息资源。因此，在服务内容、方式、深度、广度、效果和效益方面，网络信息资源胜过了几乎所有的传统信息资源，成为人们查找信息的首选目标。

二、网络信息资源的特点

网络信息资源在数量、结构、分布、传播范围、类型、载体形态、内涵、控制机制、传输手段等方面，都与传统的信息资源有着明显的差异，呈现出许多新的特点。这些特点包括以下几个方面：

（1）数字化存储和传递。网络信息资源以数字化形式存储在互联网不同网络主机上，并通过互联网广泛传播。

（2）数量巨大，增长迅速。受网络用户驱动，网上信息资源的数量迅速增长。

（3）内容丰富，形式多样。互联网是一个巨大的信息资源库，其内容包罗万象，覆盖了不同学科、不同领域、不同地域、不同语言的信息资源；

在形式上，包括了文字、图像、影视、音频、软件、数据库等，堪称多媒体、多语种、多类型的信息集合体。

（4）信息新颖，不断更新。大多数网站内容是定期更新的，许多搜索引擎的更新时间很短，可以说，几乎每时每刻都在更新着最新的内容。这样，网络信息一经发布，可以迅速传播到各处，人们可以方便、快捷、及时地从互联网获取所需要的新信息。

（5）免费信息资源丰富。网上免费资源丰富，用户可以使用免费的 E-mail，免费下载软件和浏览网页新闻，几乎免费使用互联网上所有的信息资源。

（6）信息稳定性差、变化频繁。在互联网上，信息地址、信息链接、信息内容都处于经常性的变动中，信息资源的更迭、消亡难以预测。

（7）信息资源结构复杂、分布广泛。各网站虽然实现了本站点信息组织的局部有序性，但从整体上来看，互联网上的信息仍然处于无序的混乱状态。网络信息资源在组织和管理上尚无统一的标准和规范，网络信息呈全球化分布结构，分别存储在不同国家、不同地区、不同地点的服务器中，而不同服务器之间缺乏统一的管理机制。

（8）信息质量参差不齐，价值不一。网络信息的发布具有很大的自由度和随意性，缺乏必要的质量控制和管理机制。因此，网络信息资源鱼龙混杂，信息质量参差不齐。

第二节 网络检索工具

一、网络检索工具的发展

现代意义上的搜索引擎出现于 1994 年 7 月。当时 Michael Mauldin 将 John Leavitt 的蜘蛛程序接入到其索引程序中，创建了 Lycos。同年 4 月，斯坦福（Stanford）大学的两名博士生 David Filo 和美籍华人杨致远（Gerry Yang）共同创办了超级目录索引 Yahoo，并成功地使搜索引擎的概念深入人心。从此，搜索引擎进入了高速发展时期。以 Lycos 为代表的这一批搜索引擎技术被称为第一代搜索引擎。这类搜索引擎的索引量都少于 100 万个网页，极少重新搜索网页并刷新索引；此外，其检索速度比较慢，往往要等待 10 秒或更长的时间。

自 1998 年到现在，随着网上信息的迅速膨胀，第二代搜索引擎在搜索速度、针对多种语言信息的扩展、以自然语言为查询语言等方面均有所改进，如 Google、百度。Google 在 PageRank、动态摘要、网页快照、Daily Refresh、多文档格式支持、地图、股票、词典、寻人等集成搜索、多语言支持、用户界面等功能上的革新，再一次改变了搜索引擎的定义。这一阶段的发展为搜索引擎拓展了生存空间，同时极大提高了搜索引擎的质量和效率。

在搜索引擎的发展过程中，随着搜索引擎数量的增加，1995 年，一种新的搜索引擎形式——元搜索引擎出现了。各种搜索引擎所采用的检索机制、算法与适用范围等的不同，导致同一个检索请求在不同搜索引擎中的查询结果的重复率偏低。因此，面对某些检索请求，尤其是范围比较狭窄、内容比较生僻的检索请求，要想获得一个比较全面、准确的检索结果，就需要反复使用多个搜索引擎。元搜索引擎的出现，在一定程度上解决了这些问题。

用户只需要提交一次检索请求，由元搜索引擎将搜索转换处理后，提交多个预先设定的独立搜索引擎查询，并将其返回的所有查询结果集中起来处理后再返回用户。然而，随着 Internet 的强势发展，网上庞大的数字化信息和人们获取所需信息能力之间的矛盾日益突出。如何解决这些难题已成为第三代搜索引擎探索的方向。

二、网络检索工具的结构

网络信息检索一般要通过信息的收集、整理、分类以及索引，从而产生数据库以供检索。检索的基本原理就是通过将网络用户的信息需求与网络信息资源匹配，从而找出用户所需要的信息。

（一）数据采集模块

数据采集分人工采集和自动采集两种方式。人工采集由专门信息人员跟踪和选择有用的网页，并按规范方式进行分类标引；自动采集则是通过软件代理，遍历网络，自动采集数据。

（二）数据组织模块

通过数据库管理系统来组织所采集的网页信息，建立相应的索引数据库。索引数据库中的一条记录对应一个网页，记录的内容包括网页标题、关键词、网页摘要及 URL 等信息。

（三）数据检索模块

根据用户的检索要求，从索引数据库中检索出符合用户需要的网页。

（四）信息挖掘模块

负责提取用户有关信息，利用这些信息来提高检索服务的质量。例如，根据对用户以前检索行为的统计及其登记的信息，实现个性化检索。

三、网络检索工具的性能指标

我们可以将网络信息的搜索看作一个信息检索问题，即在由网络信息资源组成的资料库中检索出与用户查询相关的文档。所以我们可以用衡量传统信息检索系统的性能参数——召回率（Recall）和精度（Precision）来衡量一个网络检索引擎的性能。

召回率是检索出的相关文档数与文档库中所有的相关文档数的比率，衡量的是检索工具的查全率；精度是检索出的相关文档数与检索出的文档总数的比率，衡量的是检索工具的查准率。对于一个网络检索工具来讲，召回率和精度不可能两全其美：召回率高时，精度低；精度高时，召回率低。对于网络检索系统而言，因为没有一个搜索引擎系统能够搜集到所有的Web网页，所以召回率很难计算。目前的网络检索系统都非常关心精度。

影响网络检索工具性能的因素有很多，最主要的是信息检索模型，包括文档和查询的表示方法、评价文档和用户查询相关性的匹配策略、查询结果的排序方法和用户进行相关度反馈的机制。

第三节 搜索引擎

一、搜索引擎

搜索引擎的英文是"Search Engine"，本身就蕴含着导航的意思。这里关于搜索引擎概念的阐述，是指狭义方面，即利用网络自动搜索软件，或人工方式对万维网信息资源进行采集、分析和标引，并将标引信息组织成数据库，以网站形式为网络用户提供检索服务的一类信息服务系统。

搜索引擎的搜索程序，俗称网络蜘蛛，其通过启发式学习采取最有效的搜索策略，选择最佳时机获取从 Internet 上自动收集、分析、标引与整理的信息，并将索引信息组织成数据库。网络蜘蛛能在网络的任何地方工作，并尽可能地挖掘和获得信息。网络蜘蛛还有网页跟踪监测功能，如果网页出现更新、删除等情况，则须及时在数据库中更新。网络蜘蛛具有跨平台工作和处理多种混合文档结构的能力。

为什么有些搜索引擎能查到某些网页，而有些却查不到这些网页，即便该网页就在第二个搜索引擎的数据库中？这是因为许多搜索引擎在搜索网站时，总是更为全面、经常地搜索常用的网站（如用户经常点击、带有许多链接的网站），对不常用的网站则不屑一顾。搜索程序对搜索的深度、广度或者二者均作了限定。在搜索深度上，不仅搜索主页，而且还搜索那些网站的附属网页。在搜索广度上，只是搜索更多的网页，而不去搜索网站的附属网页。随着搜索引擎的日益成熟和竞争的加剧，搜索程序明显趋向于将搜索深度和广度紧密地结合在一起。

过去一般网络检索工具提供商只依靠自己建立的数据库来提供检索服务，检索范围有限；而现在某些著名的搜索引擎公司购买其他公司的数据库或者技术内核，有的公司与其他搜索引擎公司建立伙伴关系，以便用户使用。比如著名的雅虎现在采用的是 Google 的搜索内核，网易也曾经使用 Google 的搜索内核技术来丰富自己的搜索引擎数据库，硅谷动力、广州视窗、新浪、搜狐、21cn、263、Tom 等搜索引擎也都使用和融合了主流搜索引擎厂商的内核技术。

二、搜索引擎的检索方法和检索功能

（一）搜索引擎的检索方法

1.加权检索

加权检索，即在检索时，给某个检索词一定的权值，以表示其重要程度。在现有的网络信息检索工具中，多采用加、减号来表现检索词在检索提问中的分量，用加号表示某检索词一定要包含在检索结果中，如检索式"＋亚洲＋金融风暴"的含义是：找出关于在亚洲发生的金融风暴的信息，即检索结果中必须同时含有"亚洲"和"金融风暴"这两个词；用减号表示某检索词一定不能包含在检索结果中，如检索式"＋亚洲＋金融风暴－南美洲"的检索结果，除一定包含"亚洲"和"金融风暴"这两个词之外，还要排除关于南美洲的信息，即检索结果中一定不能有"南美洲"这个词。

2.自然语言检索

自然语言检索，是指用户在检索时可输入自然语言表达的检索要求，例如，在检索"please find for me something about automobile sale in New York State"时，检索工具会按照提问，检索出关于在纽约州（New York State）汽车销售（automobile sale）的信息。这种检索的基本处理过程是：检索工具在收到用户提问后，首先利用一个禁用词表从提问中剔除那些没有实质主题意义的词汇，如各种副词、介词、代词、常用请求词（please、help、would、may 等）、检索提问词（find、search、locate、check、information、materials 等），然后将余下的词汇纽约州（New York State）、汽车销售（automobile sale）作为关键词进行检索。

3.相关信息反馈检索

在检索过程中，人们会发现某个结果非常符合自己的需要，因此希望能进一步检索到与该结果类似的信息，这称为相关信息反馈检索。在网络环境中，相关信息反馈检索可由检索工具自动进行，例如，Excite 的 "Search for more documents like this one" 检索，以及 Lycos 的 "More Like This" 检索。

相关信息反馈检索的基本原理是：检索工具将用户所选定的结果网页中包含的关键词找出，通过它们在这个网页中出现的频率和位置等来计算各自的相关度，然后选出相关度较高的词汇作为下一步检索的检索词。但由于词汇选择只考虑了词汇出现的频率和位置，而没有考虑用户对各个词汇重要性的主观判断，所以其结果并不一定非常合适。

4.模糊检索

简单地说，模糊检索就是允许检索单元和检索提问之间存在一定的差异，这种差异即"模糊"在检索中的含义。模糊检索中所指的差异往往来自用户在输入检索提问时的输入错误，如少键入一个字、打错一个字母等。另一类差异来自某些词汇不同的拼写形式，例如，单复数，"catalog"和"catalogue"。这时检索工具应该能够检索到用正确词汇或其他变形形式标引的结果，而不是简单地告诉检索者"输入错误"或"没有结果"。

5.概念检索

所谓概念检索，是指当用户输入一个检索词后，检索工具不仅能检索出包含这个具体词汇的结果，还能检索出包含那些与该词汇同属一类概念的词汇的结果。例如，检索"automobile"时能找出包含"automobile""car""truck""van""bus"等任意一个词汇的结果。又如，在查找"公共交通"这一概念时，有关"公共汽车"或"地铁"的信息也能随之检得。在此意义上，概念检索实现了受控检索语言的一部分功用，即考虑到了同义词、广义词和狭义词的使用。迄今为止，Excite 在概念检索方面取得了比较明显的成就。

（二）搜索引擎的检索功能

1.检索提问的修改和限制

用户在得到检索结果之后，可选择把新一轮的检索范围限制在已获得的检索结果之内，以提高检索效率。此外，用户可以在键入检索提问之前或获得检索结果之后，从语种（如英文或中文）、日期（如前一周或上个月）、地理范围（如中国或美国）、域名范围（如.edu 或.com）、网络信息类型（如万维网或用户网）、信息媒介类型（如文本信息或图像信息）等方面进行限制，以便检得更确切的信息。

然而，尽管网络信息检索工具已具备上述对检索提问进行修改和限制的功能，但它们还不能够支持类似于联机和光盘检索中的"集处理"（set manipulation）。在联机或光盘检索环境中，用户每输入一个检索提问，其检索结果就生成一个"结果集"。

用户可以通过逻辑运算符或其他检索方法对这些检索结果集再作进一步的修改和限制。遗憾的是，这种在联机或光盘检索中的"家常便饭"，至今对网络信息检索而言，仍是可望而不可即的。

2.按相关度排列结果

各种检索工具都在检索中计算检索结果的相关度，并按相关度顺序从高到低排列，许多还在每条结果旁给出相关度值。大多数检索工具是通过计算检索词在每个结果中出现的次数和位置来计算相关度的，因此如果一个网页中包含的检索词越多、出现的位置越重要（如出现在网页标题中、网页元数据中或网页内容标题中），则这个网页的相关度就越高。有的检索工具还采用了其他辅助方式，例如，Google 考虑了网页被链接程度，如果有大量网页链接到某一网页或有一些非常重要的网页链接到该网页，则 Google 在计算网页相关度时，会增加该网页的重要性。

3.支持检索与浏览并行

允许用户在浏览过程中，随时在当前所处的类别中进行检索。检索和浏览在信息查询过程中各有其功用。一般来说，检索便于有的放矢，直接获取检索结果；浏览便于边查边看，发现未曾预料的结果。

4.支持检索结果的翻译和多语种检索

Alta Vista 依靠其在自然语言分析和处理方面的优势，率先推出了翻译网络检索结果的做法。翻译的语种现只有西文，如英文、法文、德文、西班牙文等。英文和其他几种语言可以对译，如英文译法文，法文又译成英文。检索结果的翻译极大地方便了网络用户，但翻译质量的提高还有待于机器翻译研究的新成果。

Google 则借助于机器翻译技术，将一种自然语言转变成另外一种自然语言，使用户能够使用母语搜索非母语的网页，并以母语浏览搜索结果。

三、搜索引擎的使用技巧

搜索引擎为用户查找信息提供了极大的方便，用户只需输入几个关键词，任何想要的资料都会从世界各个角落汇聚到他们的电脑。然而如果操作不当，搜索效率也是会大打折扣的。

每个搜索引擎都有自己的查询方法，用户只有熟练地掌握它，才能运用自如。不同的搜索引擎提供的查询方法不完全相同，但一些通用的使用技巧，各个搜索引擎基本上都适用，在此作简单介绍。

（一）搜索关键词提炼

众所周知，要在搜索引擎上搜索信息首先必须输入关键词，所以说关键词是一切的开始。大部分情况下找不到所需的信息是因为在关键词选择方向上发生了偏移，学会从复杂的搜索意图中提炼出最具代表性和指示性的关键词对提高搜索效率至关重要，这方面的技巧是所有搜索技巧之母。

选择搜索关键词的原则是，首先确定你所要达到的目标，在脑子里形成一个比较清晰的概念，即我要找的到底是什么，是资料性的文档，还是某种产品或服务；然后再分析这些信息都有些什么共性，以及区别于其他同类信息的特性；最后从这些方向性的概念中提炼出此类信息最具代表性的关键词。如果这些做好了，往往就能迅速定位要找的东西，而且多数时候根本不需要用到其他更复杂的搜索技巧。关键词的选择有时还是需要动一番脑筋的，其难点在于如何找到某一类 Web 文档的关键特点。

（二）细化搜索条件

用户给出的搜索条件越具体，搜索引擎返回的结果也会越精确。比方说想查找有关电脑冒险游戏方面的资料，输入"游戏"是无济于事的；"电脑游戏"范围就小一些，当然最好是输入"电脑冒险游戏"，返回的结果会精确得多。由于中英文在词语排列上的差异（英文词与词之间用空格隔开，而中文则没有），使得中文切词成为搜索引擎的一大挑战。虽然目前支持中文搜索的引擎在切词方面已做得相当出色，但要求其完美无缺也不太现实。因此，在搜索关键词较多的情况下，笔者建议主动将中文字词之间用空格隔开，以避免出现过多的无效搜索。

（三）用好搜索逻辑命令

搜索引擎基本上都支持附加逻辑命令查询，常用的是"＋"号和"－"号，或与之相对应的布尔（Boolean）逻辑命令 AND、OR 和 NOT。用好这些命令符号可以大幅提高搜索精度。

例如，查找有关电脑冒险方面的游戏。查找与该关键词有关的记录，过去通常情况下相当于布尔逻辑命令中"OR"的关系，翻译过来就是：电脑（OR）冒险（OR）游戏。因此，搜索结果中不仅有同时包含三个关键字的记录，也有仅含部分关键字串（如电脑游戏）和个别关键字（如冒险）的记录。

第三章 高校信息素养教育的
理论研究

第一节 国内外高校信息素养教育发展

本节首先介绍信息素养的概念，然后论述目前国内高校信息素养教育的发展现状及存在的问题，并结合问题提出优化信息素养教育课程结构、拓宽课程内容及开展嵌入式教学以加强与专业学科的融合等发展建议，以期为各高校的信息素养教育提供借鉴。

信息素养的概念是由美国信息产业协会主席 Paul Zurkowski 于 1974 年首次提出的。1992 年，美国图书馆协会（ALA）将信息素养定义为："信息素养是人们能够判断何时需要信息，并且能够对信息进行检索、评价和有效利用的综合能力。"信息素养是可以通过培养和教育来实现的，通过信息素养教育，人们可以学会知识更新，提高自身信息素养和创新能力，适应快速发展的信息社会环境。

2002 年教育部印发《普通高等学校图书馆规程（修订）》对高校图书馆的定位是"学校的文献信息中心，是为教学和科学研究服务的学术性机构，是学校信息化和社会信息化的重要基地"，并把"开展信息素质教育，培养读者的信息意识和获取、利用文献信息的能力"作为高校图书馆的主要任务之一，要求高校通过开设文献信息检索与利用课程以及通过其他手段进行信息素养教育。在当前社会，加强大学生信息素养教育成为高校培养适应现代社会需求的创新型人才的一项重要任务，高校图书馆因此成为高校信息素养教育的主要阵地，肩负着培养大学生信息意识、信息能力、信息伦理及终身学习能力的重任。

美国高校图书馆非常重视信息素养教育的实践探索和实证研究，并取得了丰富的成果和良好的成效。本节介绍美国高校信息素养教育的一些新成就，从顶层框架设计、培养批判性思维、与专业课程融合、设计探究型学习任务、引入翻转课堂模式、搭建学习社区、制定评价量规等方面，分析其可供我国高校信息素养教育参考借鉴的经验和成果。

一、美国高校信息素养教育的顶层框架

（一）从信息素养能力标准到信息素养框架

高校信息素养教育与高等教育环境、信息生态环境息息相关，信息素养教育必须应对这两个环境的变化而不断发展变革。美国大学与研究图书馆协会（ACRL）2000 年发布的《高等教育信息素养能力标准》和 2015 年发布的《高等教育信息素养框架》就是不同环境下的两个顶层框架。

20 世纪末第一代互联网逐渐普及，随之而来的海量、未过滤、瞬息万变、呈现形式多样化等信息特征，构成了复杂的信息使用环境。ACRL 于 2000 年 1 月正式颁布《高等教育信息素养能力标准》。该标准强调了在海量信息推送的环境下，人们必须具备获取、评价、鉴别、整合和交流信息的能力，并遵守信息化社会的秩序。

21 世纪，随着网络技术的发展，人们更多地参与到信息创造、共建、分享的交互过程中。语义网、移动互联网、智慧型社会网络的迅速发展，产生了各种新的信息创建、组织和传播模式，我们赖以工作和生活的信息生态系统呈现出活跃而无定性的常态。原来的信息素养能力标准已不足以全面支撑人们有效地认知、参与和融入新的信息生态环境。同时高等教育环境也发生着迅速的变化。MOOCs 的兴起推动了教育资源的开放，挑战着传统学校的教育模式，给高等教育环境带来了冲击。在高校内部，建构主义理论下的教学方法积极地变革着传统的教学方法，从问题导向、情景教学，到协作学习、翻转课堂，美国高校越来越注重通过感知、交流、批判性思维和创造的过程，引导学生建构知识，培养学生的创新能力。高等教育环境的变化，对信息素养教育提出了更多的需求和更高的标准。经过三年多时间的酝酿和起草，2015 年 2 月，ACRL 批准通过《高等教育信息素养框架》，新框架替代了原来的《高等教育信息素养能力标准》。

（二）采用"阈概念"方式突出信息素养的关键理念

《高等教育信息素养框架》采用了"阈概念"的方式，描述新环境下信息素养中最核心的门户概念。阈概念源于教育学，是指那些将学生领入学科领域大门的关键性概念。明确阈概念有助于促使学生向正确的理解方向转变，完成对学科领域学术理解的飞跃；指导学生掌握学科领域的界限，将零散的知识整合为系统的认知；帮助学生领悟学习过程中易成羁绊的关键概念，不可逆地建构其学科领域的态度和观点。

《高等教育信息素养框架》确定了六个阈概念，即信息权威是建构的和语境化的；信息创建的过程性；信息的价值属性；学科研究的探究性；学术的对话性；信息检索的策略性探索。这六个阈概念把关注聚焦到信息生态系统的基础理念上，着重培养学生在信息消费和信息创造过程中的批判性思维和协作创新能力，为高校提升信息素养教育目标提供了指南和依据。

（三）基于"元素养"模式的信息素养教育目标体系

传统的信息素养界定偏重对印刷型文献及其电子衍生品的信息检索与利用，缺乏对 Web2.0 社会化媒体环境的适应性。数字素养、视觉素养、媒体素养等新兴素养补充了人们应对新媒体环境的需求。这些素养的差异只是在具体技术和信息形式上有所不同，而在确定、获取、评价、整合、运用、生产、协作和共享信息等方面，则具有相同的元素。

《高等教育信息素养框架》的六项要素（六个阈概念）跨越了技术和信息的形式，体现了信息素养的实质，从而将信息素养提升到高于其他几种素养类型的"元素养"层面上。框架的每项要素下都包括四段文字：概念表述、"初学者"和"专家"的思维差异、知识与技能实践、情感与心智提升。这种"概念表述、思维差异、技能实践、心智提升"的文字结构，从认知、元认知、行为、情感的角度，搭建了一个元素养培养的目标体系。

二、美国高校落实《高等教育信息素养框架》的创新举措

（一）注重批判性思维培养

美国信息素养学者认为，通过罗列一组相互独立的技能项已不足以描述信息素养的实质。信息素养应该是一种与信息搜索、信息解读、信息评估相关的批判性思维方式。在新的信息素养框架的指导下，美国高校图书馆馆员在教学过程中不再把重点放在信息传输的技能上，而是更加关注对学生批判性思维意识的培养。

博伊西州立大学图书馆馆员在嵌入基础课程的信息素养教学中，采用团队任务和问题导向的学习方法开展教学。他们在每个教学单元中都安排了若干项团队任务，每项任务均配有相应的批判性思维问题，从而引导学生用批判性思维方式思考潜在的、隐含的概念。通过批判性思维、问题解决、交流和团队参与的过程，有效地提升了学生的信息素养能力。

（二）加强与专业课程的融合

美国高校教师普遍认同学生的研究、写作和批判性思维能力与信息素养的概念有关。大量实证研究表明：课程教师与图书馆馆员合作，将信息素养融合到教学课程中的方式，既能更好地实现信息素养教育目标，又能在辅助课程教学、克服潜在学习障碍等方面发挥良好作用。但是课程教师要与图书馆馆员合作到怎样的程度才能取得明显的效果，这个问题的答案却一直很模糊。

美国加州克莱蒙特学院联盟图书馆的馆员与该联盟匹泽学院的教师进行了为期三年的实证研究。他们将教师与图书馆馆员的合作分为无合作、少量合作、中度合作、大量合作四种程度，并对四种程度的合作行为进行了明确的界定。同时编制了信息素养评价量规，对学生论文中表现出的信息素养进行评分。三年中，他们分别选择了接受四种合作程度教学的学生论文，利用评价量规进行评分，结果显示：教师与图书馆馆员的最佳合作程度是中度合作。中度合作的行为包括：信息素养直接整合到教学大纲和课程中，如在大纲中明确课程专属的图书馆馆员和图书馆资源；图书馆馆员适度参与学习任务设计，如增加注释参考书目的作业；图书馆馆员承担 1～2 个学时的教学，介绍图书馆资源，进行学习任务辅导；图书馆馆员编制围绕课程的研究指南；学生要完成信息素养在线教程和测验。

（三）倡导探究式学习过程

美国高校积极倡导探究式学习过程，提出高校的教学和课程应整合三项要素：问题框架、信息素养、迭代。在这种探究式学习过程中，信息素养教育找到了自身发展的路径，成为公认的探究式学习必不可少的工具。

纽约市立大学亨特学院图书馆的信息素养教学馆员与写作课教师合作建立了一个用以指导探究式学习的工具包网站。他们认为探究式学习是一个迭代的过程，这样的工具包可以帮助学生超越"一览表"式的线性思维，深入到迭代的探究过程中去。他们强调该工具包不是关于如何发现资源的简单指南，而是一系列强调探究、阅读和信息整合能力培养的策略。

（四）开展翻转课堂教学探索

翻转课堂的教学模式起源于美国高校，并随着网络教学条件的普及越来越流行。翻转课堂改变了传统的教学模式，重构了课堂内外的学习过程，即教师在线提供教学视频、学习指南和在线辅导，学生在课外时间观看教学视频、查阅学习资料、在线参与讨论等。知识的传递已在课堂时间外完成，在课堂时间内，教师将引导学生通过互动的方式阐明和应用知识，进行深度的实践练习和讨论，从而更好地完成对知识的吸收内化。

加州大学伯克利分校图书馆将翻转课堂的教学模式应用于信息素养教学。他们通过两方面的措施来实施这种模式：一是布置课堂前的学习任务；二是在课堂内进行参与和互动教学。由于通过课前作业，学生较好地接触和准备了学习资料和发言话题，因此大大提高了课堂的参与度，学生有更多的课堂时间进行高水准的练习和讨论。他们的经验显示：翻转课堂的信息素养教学模式增加了学生参与学习的机会，在不增加课堂时间的前提下为学生提供了更多的学习体验。

（五）立足学习社区，融入教学课程

学习社区是指由学习者及其辅导者构成的学习共同体。在学习社区中，成员们在线交流学习心得，分享学习资源，共同完成学习任务。美国高校图书馆的探索实践显示，学习社区是将信息素养教育融入教学课程的有效工具。

美国亚利桑那州的钱德勒-吉尔伯特社区学院图书馆馆员与该校作文课教师合作构建学习社区，将信息素养与作文教学内容融合在一起，成为一门整合型的课程。他们在该课程的学习社区中搭建学习支架项目，包括学习任务、学习资源、学习指南、交流分享区、章节前后测验等。该学院实证分析的数据显示：参加学习社区的学生相对于选择图书馆馆员单独授课的学生，研究能力有了更好的提升。他们认为学习社区的学习支架项目使学生有多种机会接触信息素养的概念，并有效地帮助学生提高论文写作的水平，达到了更好的教学效果。

（六）发挥信息素养评价量规的作用

美国高校很重视评价量规在教学及教学效果评价过程中的作用。美国加州克莱蒙特学院联盟图书馆编制了针对学生作品中信息素养的评价量规，该量规分四个级别对学生论文中显示出的"引文归属""资源评价""论据交流"三个方面的信息素养思维和行为习惯进行了评分。这个量规不仅可以用于学生学习效果的评价，还被用于多项实证研究，如教师与图书馆的合作程度、构建作业背景提示的整体化支架等教学手段的效果分析。

有学者提出了信息素养评价量规的第三种功能，即让学生运用评价量规对同学在信息问题解决任务中的表现进行相互评价。这种方式有助于学生从评价者的角度发现和积累信息问题解决过程中的实际经验和知识，既促进了学生对学习内容的理解和应用，又启动了分析、评价和创作等更复杂的认知过程。

三、美国高校信息素养教育发展对我国高校的启示

（一）注重顶层设计

《高等教育信息素养能力标准》和《高等教育信息素养框架》的制定和实施，体现了美国在人才培养过程中对信息素养的高度重视。作为顶层框架，它们有效地推动了美国高校信息素养教育的发展。随着信息化社会的发展，在顶层设计中信息素养从信息、媒体、技术等技能层面，被提升到批判性思维、交流、协作、创新等意识和行为层面，使之在人才的学习和创新能力培养中发挥重要作用。

我国高校开展信息素养教育的年代已久，但不同高校信息素养教育的规模、水平和质量存在较大差异。信息素养的培养目标大多停留在信息检索、信息选择的技能层面。推动我国高校信息素养教育的整体发展，提升信息素养培养的目标层次，有赖于两个方面的顶层设计：一是制定全国性的信息素养教育实施框架。2016 年 9 月，教育部高校图工委在全国高校信息素养教育研讨会上推出的"关于进一步加强高校信息素养教育的指导意见（草案）"正是这样的顶层框架。二是各高校应在人才培养的顶层设计中强调信息素养教育在创新型人才培养中的作用。批判性思维或者说辩证思维是信息素养的核心，也是创新型人才必须具备的素养。信息素养教育应在我国高校"双创"人才培养中发挥重要作用。

（二）改革教学模式

信息素养作为一种元素养，旨在培养学生在信息使用、信息创造和信息

交流过程中的批判性思维、探究和对话能力。基于这个目标，美国高校在信息素养教学中开展了融入专业课程、探究式学习、动态评估等方面的教学实践和实证研究，其成果和经验值得我国高校信息素养教学参考借鉴。

1.融入专业教学，搭建学习社区

融入式的信息素养教学模式不同于图书馆单独开展教学的独立模式，也不同于将信息素养按课时嵌入专业课程的嵌入模式，它将信息素养内容与专业课程内容互相交织在一起，成为专业课程的有机组成部分。在融入模式中，图书馆馆员与专业课教师合作，参与设计学习任务和评价考核，把信息素养教育目标整合到了课程教学目标中。

图书馆馆员把精力投入到专业或课程的学习社区建设中，将信息素养整合到学习社区的项目或栏目内容中，是一条融入专业教学的有效途径，能更好地实现专业教学和信息素养教育的双重目标。

2.开展探究式学习，探索翻转课堂

在探究式教学模式中，教师向学生提出问题，布置任务，让学生带着问题和任务，通过自主探究和协作交流，达到教学的认知目标和情感目标。翻转课堂可以与探究式学习结合起来，即将翻转课堂的模式应用到探究式学习的教学方案中，以此增加学生在探究学习过程中的学习体验，提高学习效率。

探究式学习和翻转课堂不仅适合信息素养本身的教学实践，同时由于信息素养是自主探究和交流不可或缺的能力，因而专业课的探究式学习和翻转课堂也为图书馆馆员融入教学提供了机遇和空间。

3.注重教学评估，制定评价量规

任何教学模式和教学手段的实际效果都需要进行评估和反馈，以便不断改进和完善。高校通常根据本校学生的层次和培养目标制定或选择相应的教学效果评价量规。

运用信息素养评价量规进行教学效果评价，有助于各校定位本校学生的信息素养水平和信息素养教学成效，选择适合本校学生特性的信息素养教学目标、教学模式和教学手段，不断提高信息素养教学在人才培养工作中的价值。

四、国内高校信息素养教育的发展现状

与国外高校信息素养教育相比，国内的信息素养教育起步相对较晚，是从传统文献检索课程发展而来的。1984 年，教育部印发了《关于在高等学校开设〈文献检索与利用〉课的意见》的通知，文献检索课从此成为高校图书馆开设的唯一课程，信息素养教育由此开始。之后，随着一系列政策法规的颁布，各高校开始依托图书馆开设《专业文献检索》课程，并逐渐推广。根据 2014 年教育部高等学校图书馆情报工作指导委员会信息素养教育工作组对国内高等学校信息素养教育现状的调研情况可知，高校信息素养教育当前的主要特征有以下几个：

（一）开设信息检索相关课程已成为高校信息素养教育的最主要形式

目前，国内高校已普遍开设信息检索或类似课程，同时辅助以专题培训讲座和新生入馆教育对学生进行信息素养教育；也有部分高校还通过开展类似"读书会"活动，专家大讲堂/沙龙等讲座报告类活动，或举办检索知识竞赛活动等形式开展信息素养教育。

（二）信息检索课程以基本检索技能的培训为主

当前，各高校的信息检索课程使用的教材多为高校图书馆人员自编或他编教材，课程内容以信息素养基本技能为主，通常包括信息检索基本知识、图书馆网站的利用、OPAC 使用方法、数据库使用方法、工具书介绍、网络资源及检索工具、文献管理软件等几个部分。此外，也有部分教材增加了知识产权的相关知识和论文写作与投稿等实用知识的介绍。

（三）信息素养教育的手段逐渐呈现多元化趋势

传统的课堂集中式面授教学逐步淡出，在线素质教育平台作为一种自主学习模式，已经受到越来越多高校的重视。这些平台可实现在线练习、阅卷评分、课程效果评价及互动交流等功能。此外，诸如翻转课堂、微课、MOOC（大规模在线开放课程）之类的创新信息素养教育实践也不断涌现，为信息素养教育的发展增添了无限生机。

五、高校信息素养教育发展过程中存在的主要问题

经过 40 余年的发展，高校信息素养教育取得了显著成效，对普及和提高大学生信息素养起到了关键作用，信息素养教育的重要性也被越来越多的人所了解。同时，我们也应看到，与国外高校信息素养教育相比，国内高校信息素养教育仍存在较多问题，致使国内高校信息素养教育的进一步发展面临较大困难。国内高校信息素养教育存在的问题主要表现在以下几个方面：

（一）信息素养教育课程结构单一

信息素养教育课程是实现信息素养教育目的的重要途径，是组织信息素养教育教学活动最主要的依据，是集中体现和反映教育思想与教育观念的载体。目前，国内高校的信息素养教育课程在课程结构上仍存在诸多问题：以信息检索课程为主的课程类型单一化，文理不分，科技类与文史类不分；

不同学习段共用一套教材（如本科生和研究生大多共用一套教材），教学层次不分；课程结构性质上基本以公共选修课程为主，指定选修较少，缺乏必修课程的设置；目前的课程结构未能体现信息素养课程体系整体性、综合性和导向性的特点，无法形成分段教学和因材施教，很难激发学生的学习积极性，影响了学生学习效果和应用能力的提升。

（二）信息素养教育课程内容狭窄

信息素养包括信息知识素养、信息意识素养、信息能力素养和信息道德素养。这四方面是一个相互依存、相互联系的统一体。其中，信息知识素养是基础，信息意识素养是核心，信息能力素养和信息道德素养分别是准则与保证。目前，许多高校的信息检索课程内容还比较简单，仅涵盖信息检索基础知识、网络资源与检索工具、数据库使用与工具书介绍等基本内容，缺少系统化的信息意识、信息需求、信息能力和信息道德等综合信息素质的课程内容。此外，由于国内缺乏统一规范的信息素养课程教材体系，部分高校的检索课程甚至沦为数据库厂商的产品讲座，更像是应付教学要求，这种简单陈旧的课程内容，与培养大学生信息素养综合能力的课程目标存在较大差距。

（三）信息素养教育与专业课程缺乏融合

信息素养教育是高校各专业课程体系的前提和基础，其最终目标是服务学生的专业学习，培养学生利用信息化工具进行自主学习的能力。但是，由于高校教学体制的限制及对信息素养教育的理解存在偏差，高校信息素质教育往往处于图书馆孤军奋战的尴尬境地，得不到院系相关部门的理解和支持，高校信息素养教育与专业教育基本上处于分离的状态，高校图书馆信息素养教育教授的内容与学生的学科内容未实现直接对接，学生无法直观地感受到所学内容与其专业课程的联系，影响了学习效果。同时，专业学科教学过程中对信息素养教育的重视程度较低，将信息素养教育简单理解为提高学习效率的辅助手段，信息素养的理念和内容无法渗入专业课程中，无法达到提升学生专业课程学习能力的根本目的。

六、高校信息素养教育发展的建议

（一）优化信息素养教育课程结构

信息素养教育是一项系统化工程，而信息素养具有整体性、综合性和层次性的特点。因此，在构建信息素养教育课程体系时，要充分体现信息素养的特点。首先，应对信息素养教育进行统筹规划，针对学生特点，分层开展信息素养教育，实施专科生、本科生和研究生的分段教学，对不同的学生因材施教；其次，课程结构可分为信息技术基础、信息素养概念、专业信息素养和信息素养综合训练等不同层次，实现了阶段式教育（入门、提高、创新）目标；最后，调整和改善目前高校信息素养教学中以选修课为主的现状，逐步向指定选修课程或必修课程发展，从而更好地发挥其提高学生整体信息素养的重要作用。

（二）拓宽信息素养教育课程内容

信息素养教育课程的内容设计应为大学生信息素养综合能力的培养提供支撑，这就需要优化和调整文献检索课程内容设计，改变过去以检索工具、数据库使用方法等为主的文献检索课程，拓宽和丰富信息素养培育方面的内容，真正落实信息素养综合能力的培养。目前，国内还缺乏规范化的信息素养课程体系和标准，但也有不少高校开始进行信息素养课程的实践探索和经验积累。例如，深圳大学 2008 年开始在原文献检索课程的基础上，设计和推出《科技信息素养教程》《社科信息素养教程》《医学文献检索》等全新课程，增加和涵盖了信息素养的获取、信息资源的利用与分析、信息素养的实践与调研、信息素养的伦理规范、信息素养的创新与情感等新内容。从学生课堂反馈来看，其效果较好，也受到了国内同行的关注和肯定。因此，各高校可借鉴此类经验，结合实际需要，不断拓宽信息素养教育课程内容。

（三）推广嵌入式信息素养教育模式

嵌入式信息素养教育模式是指将信息素养教育与学生专业学习环境结合起来的一种新型模式，也称为信息素养课内教育，即由图书馆馆员和院系专业课教师合作，将信息素养课程内容嵌入院系专业课程教学中，提供有针对性的信息素养教育。根据图书馆馆员与院系教师合作的广度和深度，这种教育模式又可分为部分参与式和全程参与式两种。其中，部分参与式是指图书馆馆员根据院系专业课程的教学内容，将信息素养教育的内容适时嵌入专业课程教学中；全程参与式则是图书馆馆员与院系教师开展深入合作，共同设计专业课程内容。

高校图书馆可以利用开展学科服务等方式，取得院系专业课教师的理解和认同，寻求与课程结合的机会，将信息素养教育课程合理、有效地嵌入到专业教学中，创建试点、积累经验并推而广之。国内部分高校图书馆已开始尝试与院系合作，开展嵌入式信息素养教育，如上海交通大学图书馆2008年开始和媒体与设计学院合作，在《传媒市场调查与分析》和《英文报刊导读》两门课程中植入信息素养课程的内容，学科馆员们根据教学大纲、作业和学生需求适时安排信息素养教学，讲授课程所需的信息资源分布、信息获取技能等内容，取得了较好的教学效果。

信息素养教育与专业课程教学相融合，不仅能较好地提升高校图书馆信息素养教育的效果，而且能提高图书馆的信息服务能力，是一种双赢模式。当然，推广这种模式取决于各方面的合作，可能会遇到诸多问题和阻力，还需要我们进一步思考和探索。

信息素养教育是培养大学生具备终身学习能力、竞争能力和创新能力的重要手段，在培养高层次创新型人才方面发挥着重要作用。因此，高校图书馆应通过优化信息素养课程结构，拓宽课程内容，构建规范化的信息素养课程体系，培养学生的基本信息素养技能，并通过探索与专业课程的有效整合，依托专业课程提升学生的专业信息素养能力和创新意识。

第二节 美国高校信息素养教育研究

美国教育技术 CEO 论坛 2001 年第 4 季度报告指出，信息素养是 21 世纪人类生存与发展的基本能力素质之一。信息素养作为一种综合能力，涉及人文、技术、经济、法律多种范畴，它不仅包括运用当代信息技术进行信息获取、识别、加工、传递和创造的基本技能，还包括在崭新信息技术环境中独立学习的能力、社会责任意识和知识创新能力。信息素养不能成为任何单一主题的结果，它是从大量主题和学习经历中积累的经验，从而产生了具有信息素养的人。如何通过信息教育的开展培养出更多具有信息素养的人，引发了国际范围内的广泛重视，信息素养教育日益成为学术界研究的重大理论和实践课题。

目前，美国高校在信息素养教育领域的研究颇具规模，尤其在信息素养标准的探讨和信息素养评估实践等方面颇有建树。

一、信息素养标准的探讨

2011 年，信息素养的 7 项核心指标模型被提出，信息素养标准包括：信息需求识别、信息需求研究、检索策略计划、信息获取、信息评价、知识管理、知识展示与创新。后续的研究者又将具有信息素养的人进行了如下具体描述：①识别信息需求；②决定需要信息的程度；③有效地获取信息；④批评地评估信息及信息源；⑤分类、存储、处理和改写收集或产生的信息；⑥将选择的信息融入其知识体系；⑦有效地使用信息，学习、创造新知识，解决问题和做出决定；⑧在使用信息的过程中理解经济、法律、社会、政治和文化问题；⑨合理合法地获取和使用信息。⑩为公民参与权和社会责任使用信息和知识；⑪将信息素养作为独立学习和终身学习的一部分。

国内信息素养标准的研究起步较晚，对信息素养的最早阐释可追溯至1999 年，王吉庆在其信息素养论的专著中将信息素养定义为人们对信息获取、利用和开发的修养和能力，它涵盖信息意识与情感、信息伦理道德、信息常识和信息能力的多个方面，是一种综合性的、社会共同的评价。陈维维将信息素养界定为个体对信息活动的态度以及对信息的获取、分析、加工、评价、创新、传播等方面的能力。杨晓光、陈文勇认为信息素养是对信息社会中人的信息行为能力、独立学习能力以及批判性思维能力进行概括性描述的一个概念。张义兵、李艺则从信息处理、信息问题解决、信息交流、信息文化的多重构建能力四个层面描述了信息素养标准。北京地区高校信息素质能力指标体系则涵盖了信息意识、信息需求、信息获取、信息评价、完成任务、信息组织管理和信息创新七个维度。在信息素养标准研究领域，国内研究者也从信息需求、信息获取、信息评价和信息创新方面阐述了信息素养标准,并且强调信息道德是构建信息素养体系的重要一环,认为缺乏信息道德评价的信息素养体系是不完整的;同时,将信息意识维度加入信息素养标准体系,认为具备信息素养的人能够了解信息以及信息素质能力在现代社会中的作用、价值和力量,只有具备一定的信息意识,认识到信息素养的重大作用,才能让用户更主动积极地培养和提升自我信息素养水平。

二、信息素养评估研究

《高等教育信息素养能力标准》的颁布,为美国各高校的信息素养评估工作提供了指导原则和行动纲领,掀起了美国国内乃至国际范围内的评估热潮。其中,被固定化为大规模、标准化评估模式的有 ETS(美国教育考试服务中心)的 ICT(信息通信技术)素养评价项目和 Project SAILS 信息素养标准化评价项目。

ETS 认为,ICT 是信息素养和技术素养的有机结合,并从如下方面设计了对高校学生 ICT 能力的考核:①使用 ICT 工具辨别和适当地表述信息需求的能力,考核形式包括要求被测者在指定信息需求条件下完成特定学术主题的搜索,通过问题设计确定客户的信息需求,完成指定的概念图;②对数字化信息的筛选和提取能力,考核形式包括要求被测者执行特定的数据库检索、网站浏览和在线帮助任务以获取所需的信息;③对现有数字化信息的分类方案进行识别,依据特定用途对信息进行重组并拟定新分类方案的能力,考核形式包括要求被测者进行电子邮件的分类存储,评估信息分组和用途的一致性,调整重组不一致的信息分类,勾勒组织系统图,等等;④数字化信息的整合能力,考核形式包括要求被测者综合整理给定组信息,通过 Excel 等数据表软件进行信息的比较和分析;⑤评价数字化信息对任务需求的满足程度，考核方式包括要求被测者判断给定信息对某个需求任务的满足程度，进行特定标准下的网页归类分级和讨论版信息的相关性、接受度、准确度等相关指标的评价；⑥信息的创作能力，考核形式包括要求被测者通过相关编辑软件图表功能的选用，以图表或编辑文件的形式进行特定观点的阐述和论证；⑦信息的表达能力，重在考核被测者对文字处理工具（如Word、Excel）、电子邮件（如 Outlook）、PPT 等软件的应用能力和应用水平。该测试通过基于网络的、交互式情境任务的完成，实现了对大学生信息素养和技术素养的全面考核。

Project SAILS 是美国 KENT 大学研制的针对高校学生信息素养能力的客观测试，该项目由美国多家机构资助，由美国和加拿大82所高校的42,000名学生参与完成。项目历经反复的测试、改写，形成了 SAILS 测试库，每一道考题都严格依照美国高等教育信息素养标准制定，覆盖信息素养 6 项指标和 8 大技能。SAILS 的项目成果已被 ARL（美国研究图书馆协会）认可，固定为每年两次的大规模测试活动，测试结果不仅反映了个体学生的信息素养水平，同时也是各高校信息素养教育执行情况的评估报告。测试结束后，SAILS 还为测试参与机构提供详细的对比分析报告，供各高校作为信息素养教育改革发展的依据。

近年来，在国外信息素养评估实践的启发下，国内高校也陆续开展了信息素养评估实践。2009 年，马费成在综合国内外对信息素养内涵界定的基础上，运用德尔菲法进行预调研，确定了最终调查问卷内容，展开了面向武汉大学、华中科技大学、武汉理工大学等十多所院校本科生和研究生的大规模调研活动，以期了解学生在信息需求、信息查找、信息获取、信息评价、信息安全和伦理、信息教育状况 6 方面的能力和特征。2010 年，宋占茹通过对河北省多所高校大学生的随机问卷调查，分析研究了河北高校学生的信息素养状况，提出高校信息素养教育改革刻不容缓，并从教育理念、课程设置、效果评估等方面有针对性地提出了建设性意见。赵媛、薛小婕等同样通过国外信息素养标准与抽样问卷调查法的结合，考察四川大学、西南财经大学、西南民族大学等 6 所院校大学生的信息素养水平，并对该地区高校生的信息素养状况及群体性水平差异进行深入分析，剖析原因，从而提出了较为系统的大学生信息素养培养方案。2012 年，汤罡辉等人在借鉴美国 SAILS 项目成果的基础上，设计了针对中山大学 1,428 名在校生的信息素养测试项目，并对测试结果展开群体差异分析、得分难易程度分析、专业得分差异分析，提出了高校信息素养实证研究今后的研究方法和发展方向。

三、美国高校信息素养教育研究的启示

（一）建立统一的信息素养标准

美国高等教育信息素养标准，是美国高校信息素养评估活动和信息素质教育的最高准则和行动纲领。信息素养核心指标模型和信息素养框架起着统领性的指导作用，一切信息素养评估活动和信息素养教育活动都围绕着这些标准、模型和框架而展开。评估是对标准、模型、框架中既定指标的评估，而教育的目的就是对高校大学生相应指标能力的提升。最高准则的确立使得美国的信息素养教育从一开始就目标明确，极具凝聚力和向心力。国内除了北京市文献检索研究会制定的北京地区高校信息素质能力体系指标用于北京地区高校信息素养工作的统一指导外，鲜有区域性的统一标准和准则；全国范围内统一信息素养标准的制定更是遥遥无期，这就导致了国内高校的信息素养相关研究工作从一开始就缺乏统一的指导工具，只能在借

鉴国外标准、模型、框架的基础上进行由理论至实践的逐步深入研究，这无疑延缓了国内信息素养教育的研究步伐。

（二）协调建立信息素养教育联盟

1990 年，全美信息素养论坛的成立，标志着美国信息素养发展统一联盟的形成。该论坛旨在通过教育机构、商业机构和政府组织的多方合作，推进美国国内乃至国际范围内信息素养的认知和发展。此后的 Project SAILS 也是在美国多家机构的资助下通过众多高校合作参与完成的。统一联盟的形成为广泛合作奠定了基础，有利于发挥优势，为后续的项目实施营造了良好的条件和氛围。而国内的研究，大多是依靠各高校专家个人力量的发挥，未能形成广泛的互助合作基础，即便是有合作，合作的深度和广度仍有待发展。合作基础的单薄性，使得国内信息素养相关研究因缺乏相应的实施氛围和实施资源而举步不前。

（三）鼓励跨专业人才通力合作

无论是 Project SAILS 还是此后的 ILT 项目（美国麦迪逊大学的信息素养测试项目），项目小组成员既包括图书馆馆员又包括相关的专业学术人员、数据评估分析师和考试专家。图书馆馆员在发挥其信息素养优势的基础上，结合学术人员的专业优势进行试题的编写和设计，而数据评估分析师和考试专家则负责进行对测试试卷的信度分析和效度分析，只有信度和效度都达到一定标准的测试才能够被推广固定为大规模的测试形式。项目组各专家成员通力合作设计出的 SAILS 和 ILT 试题库，对高校大学生信息素养做出了客观评价。而国内的信息素养项目大多是由单一领域内专家（通常为图书情报工作人员）凭借其一己之力完成的，虽然他们具备信息素养相关优势，但信息素养评估和信息素养教育是系统性工程，需要跨专业、多领域专家的协作和优势互补，才能实现对高校大学生信息素养的科学评估和系统性教育。

（四）采用标准化的评估方法和流程

美国高校的信息素养评估大多已形成标准模式，SAILS 和 ILT 项目业已成为各高校一年一次或一年两次的大规模测试形式，测试结果用以考评各校信息素养教育的实施效果。SAILS 的标准化测试评估报告和对比分析报告成为高校信息素养教育战略的重要决策依据。而国内的信息素养评估大多还停留在依靠学生主观印象评判的问卷调查层面，这种方式极易导致调查结果的偏差性，进而影响各高校对其学生信息素养能力的判断和日后信息素养相关战略决策的制定。另外，相对于美国高校而言，国内嵌入式教育的合作专业、合作模式都有待进一步的完善和发展，信息素养评估仍缺乏统一标准化的操作模式，这也关系到国内统一信息素养平台的构建和信息素养专业化发展方向。

（五）采取丰富多样的教育方式

美国高校主要采用以下方法开展信息素养教育：①课外教育：图书馆提供学生课程表外的信息素养教学课程，课程以上机操作为主、讲座形式为辅，着眼于用户数据库检索、查询跟踪、搜索引擎检索等能力技巧的提升。②课中教育：针对某专业课开设的、辅助学生完成特定任务而在学生课内组织安排的某次或某几次讲座、上机操作课程，课程讲授由授课教师和图书馆馆员合力完成。③游戏式教育：将信息素养要素融入学生喜爱的游戏中，让学生在玩游戏的过程中完成信息的识别、检索和使用，寓教于乐，潜移默化地提高学生的信息素养水平。这些丰富而灵活的教育方式为国内大学生信息素养教育提供了有益的借鉴。

随着社会信息化进程的加快，信息素养成为人才重要的考量指标。美国高校在信息素养教育领域走在了前列，他们的研究和实践给我们带来了启发。今后国内高校信息素养教育应结合实际情况，因地制宜地构建国内高校信息素养的统一标准，并积极建立信息素养教育联盟，通过高校与社会、高校与高校、高校与政府间的合作，推进高校信息素养建设的纵深化发展，并逐步建立标准化的评估模式和教育模式，统一信息素养的考核口径和考核方式，将信息素养评估结果纳入各高校目标考核体系，以考核促建设，以考核促发展，从而实现高校信息素养建设的飞跃。

第三节 高校信息素养教育的
跨学科研究

从高校信息素养教育与专业教育脱节，信息素养未能有效渗入到具体课程中的现实状况出发，并对信息素养教育理论研究现状进行梳理，笔者发现导致信息素养教育实践很难全面铺开和深入的根源在于：①现行研究多为图书馆或者计算机学者，基于自身学科背景或工作的基础上而进行的思考和实践，具有一定的片面性和局限性；②在教育决策中处于主导地位且掌握丰富教育基础理论的教育界对信息素养的理解有所偏颇。因此，有必要对信息素养理论进行再审视，从育人的角度和受教者知识建构的角度重新还原信息素养教育，即从观念上进一步明确信息素养内涵，统一认识基础，发挥教育界的力量，有效推进信息素养教育实践。

信息素养作为现代社会公民必须具备的基本素质，越来越受到关注和重视。虽然作为大众化教育，其重要性也得到了充分认识，但仍然无法进入高校的人才培养方案及专业培养目标中，也无法渗入到具体课程中。实践的缺失、不统一，与理论研究的缺失和不统一关系密切。因此，有必要对信息素养教育理论研究文献进行梳理，在前人研究的基础上，站在培养人的高度，对高校信息素养教育进行跨学科反思，从而找到落实信息素养教育目标的突破口。

一、信息素养教育研究文献分析

利用中国知识资源总库，输入条件为"关键词=信息素养教育"，可查到 4,580 条文献。从发表的时间可以看出，自 2000 年开始，学者对信息素养教育的研究呈上升趋势，尤其是 2010 年以来，平均每年发表文献 450 篇左右。从文献学科分布的角度，分析 2010～2017 年发表在核心期刊的文献后，可以发现研究领域大多集中在图书馆、教育、媒体以及计算机方面，只有少量分布在其他学科。其中，图书馆领域的文献占总体研究的 85.77%，是信息素养教育研究的"主要阵地"。主要学科的文献量之和大于总文献量，这说明信息素养是兼跨人文和科学范畴的综合性个人素养，其中，有一部分文献属于交叉文献，是分属两个学科来进行标注的。

二、信息素养教育不同学科领域研究现状及问题分析

（一）图书馆界关于信息素养教育的研究

在图书馆界，信息素养教育通常被认为是读者服务中的重要工作，受读者服务思想的影响，相关讨论也多集中在馆员服务创新或文献检索课教学内容的重组、教学表达、教学平台设计、教学方法、教学模式改革等方面。

概括起来有以下几个特点：

（1）以文献检索课为代表的信息素养教育包含在读者教育中。王友富认为信息素养是图书馆学优势向其他学科渗透的突破口，他呼吁图书馆人联合起来推动信息素养教育成为必修课，并在教学内容、教材、教学培训班和教学研讨会等方面做出努力。同济大学图书馆实施"双伙伴"计划，对信息素养教育的内容进行规划，并以学分课程、专题培训讲座、嵌入式教学、在线教育、立体阅读等多种方式进行了实践。高协等从馆内培训、新生入馆教育、特色专题讲座、多种嵌入式课程等方面阐述了上海交通大学图书馆在信息素养教育中的具体实践。信息素养教育与读者教育的一致性使信息素养教育形式很宽泛，除了文献检索课外，新生入馆教育、馆内培训、数据库培训等都被列入了信息素养教育范畴。因此，相关研究基本上围绕馆藏资源利用而展开，在论述时通常面面俱到，但缺乏指导实践的深入性探讨，故较少能看到有影响力的实践性成果。

（2）基于新技术、新媒介的信息素养教育教学改革。近几年，检索平台的完善以及微信平台、慕课等基于新媒介教学方式的改变，丰富了以文献检索课为载体的信息素养教育教学改革研究。董岳珂认为可以把目前图书馆引进的检索平台——发现系统引入信息素养教育中，从知识发现中培养学生的信息素养。张梅等认为利用 Blackboard 平台的网络协作学习教学模式可以更好地实现信息检索课的教学。叶小娇等认为利用微课教学平台，可以提高信息素养教育的普及率，能够考虑到学生的个性化需求、增加师生交流互动、共享教学资源等。沙玉萍等认为高校图书馆可以构建微视频案例库来深化信息素养教育。赵飞等对高校信息素养教育与 MOOC 相结合的几种可行模式进行了对比分析。教学展现方式的改变，也促进了教学内容重组的研究，出现了适应不同层次或学科人群需求的内容模块。黄如花等认为，应考虑学习者的不同教育层次、不同行业，设计相应的内容模块；并借助MOOC，分别设计面向公众、高校及研究人员、商业应用的模块。潘燕桃等认为，应根据学科专业，将信息素养教育分为人文社科、自然科学、理工、医学四个模块。

随着信息技术的不断发展，无论是传播方式还是传播工具都发生了翻天覆地的变化，信息素养教育理论研究与实践也在不断调整以跟上新技术的发展。创新性虽然不可否定，但是，仍然没有改变信息素养教育的根源性问题，信息素养教育基本上还是停留在"换汤不换药"的技术展现层面，因此有必要对信息素养的内涵追本溯源。

（3）信息素养教育研究的深入，即嵌入式信息素养教育，包括三个层次：①将游戏嵌入到信息素养教育中。苏云从游戏化的内容、表现形式、实现模式三个方面讨论了高校信息素养教育游戏化的实施中应该注意的事项。明娟探讨了以游戏为主体的信息素养教育模式。张垒对游戏嵌入信息素养教育机制进行了研究。②将信息素养教育嵌入到课程中的研究。张必兰对信息素养教育嵌入专业课的实现途径、课程设计、教学研究、激励机制等进行了详细的分析研究，提出建立教学研究团队以及开展教改研究的重要性。③将信息素养教育融入课程体系的探讨。曹娜认为信息素养教育应纳入课程体系的建设，发挥教师的主动性，渗透到每门课、每个教学环节中，使学生在获取知识的同时提高检索技能；张瑞红认为身处新媒体环境中的大学生必须学会"如何利用新的媒介工具拓展学习范围和提高学习效率"，指出应该从构建课程体系、加强资源建设、在学科教学中渗透、提高教师的信息素养水平等方面开展信息素养教育。

嵌入式教学模式与学科馆员相伴出现，是信息素养教育理论发展过程中的一个重大突破，但无论是将案例嵌入到文献检索课程还是将信息素养教育嵌入到其他课程中，都很难在实践中普及推广。究其原因，一方面是高校虽然开设了文献检索课，但没有普及到各个专业，在案例或者游戏的选择上，只能兼顾到个别专业；另一方面，将信息素养嵌入到其他课程，牵涉到其他任课教师，如果没有政策制度的推动，单靠图书馆在教育决策中的弱势地位，很难推动嵌入式合作。因此，必须想办法调动教师的积极性，在提高教师信息素养的基础上，发挥教师将信息素养教育纳入到所讲课程中的主动性，这才是解决信息素养教育普及性和深入性的重要途径。

（二）教育界关于信息素养教育的研究

周云等从馆员与专业教师合作的层面，讨论了如何培养学生的信息素养。曹娜针对信息素养与专业融合思想难以落实的现状，认为首先应该实现指导思想、研究思路的转变，并在此基础上提出了实施策略。图书馆馆员翟莹昕与专业教师刘晓峰博士从嵌入的角度，论述了信息素养与学科教育之间的密切关系，并指出嵌入式教育模式实施的成功与否主要取决于学科教师。在图书馆工作的信息技术专业人员云霞等提出利用云计算技术，建立面向师生的信息素养教育"云服务"平台。计算机技术专业教师孙西朝从信息技术方面探讨并提出了教师信息素养的基本标准及其培养方案。

无论是从事读者教育且具有计算机专业背景的馆员，还是各学科任课教师，他们在从事服务或专业教学的同时也在进行着教育教学的研究。相对于专业教师在各自专业方面的先天优势，教育学基础理论比较欠缺，并且在教育决策中处于从属地位，很难将信息素养教育在全校内普及，更谈不上与专业教育进行融合。而真正教育学专业出身的教学管理者，无论是中小学教育阶段还是高等教育阶段，对信息素养教育的研究均比较匮乏，这直接导致了教师进行信息素养教育教学改革要求的缺失，也是信息素养教育难以深入落实和有效推进的重要根源。

三、站在培养人的高度重新审视信息素养教育理论

（一）重新审视信息素养教育理论的缘由

通过对信息素养教育理论研究现状进行分析，可以发现两个问题：①高校教育界对信息素养教育到底是什么仍然模糊不清。教育专业研究者的缺失，使信息素养教育难以普及和深入到大学人才培养方案中。②无论是哪个研究群体，在具体施教过程中，都是基于对自身学科理论基础的理解上开展信息素养教育的。由学习者（学生）独立完成知识的整合、构建，这种教与学割裂的状态很难在短期内提高学生对知识或技能的应用能力。因此，首先要在如何推动并提高教育界对信息素养教育的正确认识上下功夫，由教育界通过调动任课教师的积极性，进而推动信息素养融入课程教学并进行教学方式方法的改革与创新，推动信息素养教育融入专业课程体系建设及专业教育的具体实践。其次，在理论研究和具体教育实施过程中，要站在培养人的高度，从学生知识建构的角度去思考信息素养教育实践，打破当前基于馆藏资源和教师自身学科背景进行的狭隘和局限的信息素养教育现状。

（二）重新审视信息素养教育理论的相关分析

（1）国内外信息素养教育理论的缘起。国外关于信息素养的缘起，学术界认为最早是由美国信息产业协会主席 Paul Zurkowski 于 1974 年提出的，继而将信息素养作为人的一种基本素质，展开全国性的理论大探讨，并组织专门机构投入巨资加以推动和实施。1998 年，美国图书馆协会和教育传播

协会共同制定了《中学生九大信息素养标准》，对信息素养的具体内容进行了概括。2000 年 1 月，美国图书馆协会仲冬会议通过了《美国高等教育信息素养能力标准》，该标准先后得到美国大学与研究图书馆协会（ACRL）和独立学院理事会（CIC）的认可。美国在制订信息素养标准时，无论是中学阶段还是大学阶段都有教育界的参与，并在教育界实施。可以说，美国是站在培养现代人的高度来定义信息素养能力的。

国内关于信息素养教育的研究，大多数人认为是以 1984 年教育部下发的《关于在高等学校开设<文献检索与利用>课的意见》为起点的。1999 年，王吉庆教授首次将"信息素养"概念引入国内学者的视野。2002 年 1 月，由教育部高等学校图书情报工作委员会委托黑龙江省高校图工委、黑龙江大学图书馆和黑龙江大学信息管理学院承办的全国高校信息素质教育学术研讨会召开，与会者主要集中在图书馆界或者信息管理学院。此次会议在之前四次关于文献检索课的学术会议的基础上，更名为信息素质教育学术研讨会，标志着"文献检索课"向"信息素质教育"的转型。综上可以看出，国内对信息素养的界定主要从文献检索课转变而来，会议的举办者、参与者以及研究者主要集中在图书馆界，因此，研究多围绕对文献信息的利用而开展的用户教育或培训。2015 年全国高校信息素养教育研讨会上，报告人和参会者除了图书馆馆员外，还有专业课教师和研究机构的研究员。专业课教师和研究员的参与，为信息素养教育的普及和深入实施提供了强大的人才资源。

（2）信息素养能力的内涵和定义。在公认的关于信息素养定义的论述中，有 1974 年 Paul Zurkowski 的"利用大量的信息工具及主要信息资源使问题得到解答"；1976 年 Lee Burchinal 的"掌握一套新技术，找到并使用信息，有效地解决问题和做出决定"以及 1989 年美国图书馆协会在信息素养研究报告中提出的"能够充分认识到何时需要信息，并有能力去获取、评价和有效利用所需要的信息"。从定义中可以看出，无论是利用信息工具、信息资源，还是利用新技术，有效利用所需信息，其目的都是解决问题或做出决定，强调的都是构建者的主动性、能动性以及一种信息能力。2015 年 2 月发布的《高等教育信息素养框架》对信息素养的阐述也明确了信息素养的"能力说"，即"信息素养是一套综合能力，包括思考、发现、理解信息如何产生、如何实现价值，并用信息创造新知识，还包括参与信息活动的道德"。国内关于信息素养的界定和内涵说法不一，概括起来包括信息意识、知识、能力、道德。较之国外的"信息能力说"有点笼统，实践指导比较模糊。

（3）从有关标准和框架解读信息素养的专业依附性。《高等教育信息素养能力标准》的颁布，从其参与的制定者可以看出"信息素养能力标准"虽然是美国图书馆界自己制定并使用的标准，但是它已得到教育界认同且广泛应用于美国教育界。从标准一（能够确定所需信息的性质和范围）与标准二（能够有效和高效地获取所需信息）可以看出信息能力与信息需求的密切关系，提醒教师在授课时要从学生的认知水平出发，无论是问题还是任务，都要与学生正在进行的学业或专业相关或相近。这种需求相关性是学生获取信息的动力，有利于提升学生信息获取的有效性和高效性。从标准三（能评价信息及其来源并将选取的信息整合进其知识基础和价值体系中）可以看出信息与自身原有知识体系之间的建构关系，因此，信息不是孤立于原有知识和价值体系之外的，高校学生的知识体系通常表现为专业知识。信息的评价、选取都离不开学生的专业知识体系，当信息内化为个人知识的时候，信息成了知识建构过程中的"新知识"。从标准四（能够有效地利用信息达到特定的目的）可以看出信息的实用性，而信息和特定目的因个体不同而略有差异，因此表现出基于自身基础的信息能力。而标准五（能自觉遵守道德规范和有关的法律）则表明，当个体具备信息能力的时候，也就具备了正确使用信息的能力。

2015 年 2 月，美国大学与研究图书馆协会（ACRL）发布了《高等教育信息素养框架》的三个相关附件。其中，在附件一框架的实施中，提出了几个具体建议：①鼓励高校图书馆馆员与学院的教师、大学课程委员会、教学设计人员等合作，共同设计整体的信息素养教育项目；②鼓励教师了解什么样的信息和研究任务有助于发展学生的专业技能，使学生成为学术信息内容的创造者与项目的合作者；③鼓励管理员推动教师、图书管理员、教学设计者和其他人之间的合作，以促进信息素养教育在学生专业学习中发挥作用。其中，第一条建议强调了信息素养教育需要全体教职员工的合作，共同参与设计信息素养教育项目，这等于将信息素养教育放在育人的高度去设计，是对顶层设计的呼唤；第二条建议强调信息素养教育过程中教师关于信息和研究任务的选择应结合学生的专业，等于认同了信息的专业性和学生在信息过程中的参与性与主动性；第三条建议强调了教育界，即管理者在信息素养教育专业化进程中的强势推动作用，进一步强调了信息素养的专业依附性。

信息素养并非孤立存在的一门课程、一种技能，而是与其他学科的内容和研究过程紧密联系在一起的。而之前各高校在实施过程中只是将信息素养教育等同于一门课程，以必修课、选修课或专题讲座的形式出现，很难惠及每个专业，更谈不上被列入高校的人才培养方案中，使得信息素养教育很难融入到专业教育中。

要想走出目前的僵局，首先，要在理论层面上统一信息素养教育认识。通过还原信息素养的缘起、信息素养的定义以及信息素养的标准和框架，重新审视这些不同时期的指导性文件，加强图书馆与教育界之间的交流与合作，改变目前信息素养教育图书馆化的现状，改变教育界对信息素养教育认识的唯教育信息化论的片面性，依靠教育界深厚的教育基础理论功底对信息素养教育进行重新审视。其次，依靠教育界的力量，将信息素养教育放在培养现代人的高度，凭借教育界在教育制度、教育决策中的主导地位，促进各任课教师围绕"如何培养"这个中心，将信息素养融入到具体课程中，提高教师信息素养教育教学改革的积极性，推动信息素养教育与专业教育的融合。最后，教育的实施者在具体施教过程中，要遵从学生的认知规律，在设计具体问题或任务时，注重与学生学习研究过程的密切相关性，将信息素养渗透到学生日常的学习和研究中进行培养，潜移默化地促进并促成学生信息能力的提高，达到推动信息素养教育发展的目的。

第四节 高校信息素养教育体系实践

本节主要探索构建高校信息素养教育体系的模式与方法，以人才培养和教学改革实践为基本素材，借鉴国内外高校信息素养一体化经验，结合高校特色形成了以培养大学生信息素质为中心的层级式课程体系，实现了规范化、系统化、科学化和常规化，形成了较有特色的信息素养培养体系。

信息素养不但包括信息获取、检索、表达、交流等技能，还包括独立学习的态度和方法；信息素养不仅是终身学习的基础和关键要素，也是评价人才综合素质的一项重要指标。

一、构建信息素养教育体系

（一）学生层面

大学生信息素养教育体系构建是以高校人才培养和教学改革实践为基本素材，经过多年的教学探索，在借鉴国内外高校信息素养一体化经验的基础上，结合高校特色形成的以培养大学生信息素质为中心的层级式课程体系。信息素养教育体系涵盖必修课、选修课，覆盖范围为本科生、研究生、留学生、专科生、中专生。

信息素养教育体系的构建，坚持以"厚基础、重实践、强能力"为改革目标，通过教学改革、教师队伍建设等方面多次进行改革，确保信息素养教育紧跟信息化社会的发展，积极引导学生强化实践能力。

改革课程教学内容、体系结构、教学方法和考核方法，积极引导学生强化实践能力，具体做法为：①构建理论教学与实践教学一体化教学模式，在理论教学课堂上，尽可能通过较多的实践实例进行讲解并进行实时演示；同时通过网络在线教学，及时、直观地进行实践演示，不仅有效提高了学生的学习兴趣，更加深了学生对理论知识的理解。②强化实践性。课后练习以实践操作为主，新增检索实践题，要求学生必须通过一定的检索手段才能得到正确答案，且课后练习与期末总评成绩相关，无形中强化了实践的重要性，减少了死记硬背，提升了学生的实践能力。③改革考试方式及考核内容。采用网络在线考试系统进行考核，建立大量的题库，采用随机抽题的考核方式，真实地反映出学生的学习成果。④依据教材建设规划，明确教材建设的指导思想、建设目标和任务、编写教材质量要求、教材建设实施措施，编写出了一批优秀的信息素养教材。⑤构建校级精品资源共享课程平台，提供教学大纲、随堂授课录像、教案、课件、参考书籍、课后习题等资源，能够较好地满足学生自学及复习需求。

（二）教师层面

信息技术和电脑网络已经给教育带来了深刻的变化，在教育信息化、现代化进程中应培养教师的信息素养，使教师具有较高的信息理论和实践操作能力。基于推介文献资源、提升信息素养、助力教学科研，图书馆应持续开展对教师的信息素养教育，提高读者利用各类文献的技能：①主动联系学校各教学系部，提供讲座菜单，送讲座上门，进行上门服务。②配合图书馆每年一度的读书文化活动节，定期开展读者培训讲座。一方面，信息素养教育培训讲座呈现逐年多样化、深度化、广度化的趋势，从图书馆资源、图书馆服务内容培训过渡到信息技能培训和个性化培训；另一方面，培训呈现多类型、多层次、特色专题等多维拓展性，从撒网式培训到有针对性的培训。

通过举办读者信息素养培训活动、推广读书文化节开展的系列文献服务活动，对信息素养教育进行宣传，可以激发教师对信息素养教育的兴趣，提升其信息技能，对其教学科研起到促进作用，增进其对图书馆的认识，进而促进教师充分利用图书馆的馆藏资源和网络数据库，提升教师的信息素养。

在构建大学生信息素养培养体系的过程中，必须注重教师队伍的建设。首先，通过试讲、评讲、评教、听课、集体备课、开展读者培训、信息服务、外出参会、进修、参加校内外教学比赛等多种活动，提升教师的自我素质，进而提升教学质量。其次，重视"以科研促进教学，以教学带动科研"的理念，坚持教学、科研互相促进的教学方法，在教学过程中形成了大批的教学、科研成果及教学论文，并将科研成果运用于教学之中。

二、信息素养教育的不足

信息素养教育取得了一定的成绩，但是在教学过程中，无论是在课件制作方面，还是在授课技巧方面，都还有一定的改进空间。学生认为信息素养教育涉及的教学内容实用性强，但理论部分却相对较为抽象、枯燥，希望教师对知识点讲解更详细和通俗易懂；在教学的过程中，部分教师与学生的交流不够深入，不能实时了解学生接受知识的状态，不能及时调整教学速度和手段。此外，由于学校客观条件的限制，教学设备相对匮乏，实验室一次性容纳人数有限，实习用计算机的数量较少，不能进行同步教学，难以满足学生边听讲边实际操作的需求，不能很好地激发学习的主动性与参与性。

从全院师生的问卷调查及读者满意度来看，图书馆的丰富信息资源并未得到充分的应用，部分教师对图书馆购买的资源不甚了解。虽然图书馆持续举办用户信息素养教育培训，教师整体对图书馆的培训也有较强的需求，但从实际培训情况来看，培训效果不明显，参与培训的教师人数相对较少。另外，图书馆信息素养教育目前以输入式培训为主，信息培训理念、方法有待进一步改进，需要强化培训练习的实践性，个性化服务还需进一步深化。

三、改进措施

第一，深化信息素养课程教学改革。继续重视信息素养培养课程的开设，深化课程体系建设，积极学习、实施教学改革，优化学生学习过程，以启发、讨论、互动式授课，实现互动式传授。以课堂积极互动、平时作业和期末考试等多种方式进行综合评价课程考核。以教促学，优化过程，激发学生的自主性、探究性和建构性特质，提高教学质量和效果。开展多种形式的教学反馈评估，通过邀请专家随堂听课、评课获取教学反馈，要求同行教师相互听课、评课获取教学反馈，通过教学反馈情况分享教学中的经验，分析教学中的不足，努力提高教学效果。

第二，创新信息素养教育培训内容和方式。以读者为中心，树立适应图书馆发展的现代化服务理念，加强读者调研，探索现代化服务模式，不断提高服务质量，形成基础服务与个性化服务相结合，现场服务与虚拟网络服务并进，适应不同层次读者信息需求变化的文献信息服务体系：①通过举办读者培训活动、推广读书文化节活动、网络宣传、知识竞赛等多种活动，对信息素养教育进行宣传，激发师生对信息素养教育的兴趣，并使得全校师生能积极主动地参与其中；②图书馆应针对不同的读者，创新培训内容，包括馆内滚动培训、新生入馆教育、特色专题讲座、信息专员计划、上门培训等多维拓展，形成图书馆培训文化，使图书馆资源发挥应有的作用，提高馆藏资源利用率，提高全院师生的信息素养能力；③在培训方式、方法上不仅有输入式培训，也需要留适当的时间进行师生答疑及师生操作，需要强化培训练习的实践性，技能式培训练习以实践操作为主；④针对参与人数不多的问题，图书馆应在培训前通过多渠道方式加强宣传力度，如通过图书馆主页或学校主页发布通知，通过横幅、海报等方式在学校多个地点进行宣传；⑤根据院系的不同需求，有针对性地对教师分别进行上门培训，每次培训完后，进行反馈意见收集，获取师生建议与意见，为后期培训提供指导。

第三，开发新的信息素养教育阵地。图书馆要有意识地开展各种形式的网上交流，在网上构筑起新型的图书馆和大学生互动关系，提供一个平等、科学的交互平台。信息素养教育教师要积极引导学生利用搜索引擎查找资料，要鼓励学生利用图书馆，引导学生利用网络资源丰富自己的知识，开阔自己的视野，不能只局限于书本和课堂。教师要重视信息道德和相关法律常识的普及，开展相关知识讲座以增强学生的信息法律意识，自觉抵制不良信息的侵蚀。信息素养能力的培养重点在于实践能力的培养，在技能培训上，要尽可能通过较多的实践实例进行讲解并进行实时演示；同时通过网络在线方式，及时、直观地进行实践演示，这样不仅可以有效地提高师生的学习兴趣，而且可以加深师生对理论知识的理解，强化培训练习的实践性。

第四，提高信息素养教师的教学能力。在提高全院师生信息素养的过程中，信息素养教师自身的信息素养能力也有待提高。需要提高教学培训能力，学校可以通过试讲、评讲、评教、听课、集体备课、开展读者培训、信息服务、外出参会、进修等多种活动，促使教师自觉参加课堂教学改革，积极鼓励并引导教师参与校内外各种教学活动及比赛，"以赛促学，以赛促教"，通过竞赛，提升自我素质，增强课堂教学技能，在课堂教学中全面适应课程改革，有效实施信息素质教育，提高教学效益和教育质量。

信息素养培养体系构建是在教学建设和改革实践中逐步总结形成的，经过多年的教学实践和改进，信息素养培养体系的构建取得了显著的成效，实现了规范化、系统化、科学化和常规化，形成了较有特色的信息素养培养体系。但信息教育改革在不断深化，教学内容需要广度和深度，教学手段更要不断地与时代同步，信息素养培养体系依有改进空间。

第五节 高校信息素养教育课程体系

从学术研究和实践研究两个方面分析目前信息素养教育课程设计的现状，笔者提出了课程设计目标不明确、课程内容不完善、学习活动较单一、课程评价没标准四个方面的问题，指出了信息素养教育课程设计的保障要求，对显性和隐性课程方案及相关评价体系进行了设计。

随着信息技术和网络技术的迅速发展，高校信息素养教育面临诸多挑战。美国《高等教育信息素养框架》发布以后，人们对信息素养的概念和重要性认识更加统一，认为信息素养是一系列综合能力的集合，包含反思信息的发现过程，理解信息的产生和价值，利用信息创造新的知识，还包括参与活动的伦理道德。在此基础上，如何设置信息素养教育课程，普及信息素养教育，提高教学效果，成为当下的关注点。

一、课程设计现状

（一）学术研究

我国信息素养教育研究源于信息检索课，以教育部 1984 年的文件《关于在高等学校开设〈文献检索与利用〉课的意见》为主要标志。以中国知网为数据源，以篇名为检索途径，分别以"信息素养教育"和"课程"为并列关系检索词，检索到与信息素养教育课程相关文献 91 篇，从中总结出大部分学者将信息素养教育的目标设定为培养学生的信息观念、信息意识、信息道德及获取信息、辨别信息、分析信息及利用信息的创新能力；课程体系构建原则为逻辑性、嵌入式、持续性；模式为互动合作、在线教学；用启发式、参与式、双向式、问题式等教学方法，增加讨论、自学、社会调查、论文写作和专业设计的能力训练环节；教学内容和结构涉及基础类平台教育、信息理论的基础知识、信息产生和传递的原理、信息源的查找和检索、信息检索技术的运用、信息检索策略的制定、信息评价方法。

（二）实践情况

信息素养教育在我国各高校的开展，以开设信息检索、计算机检索、网络信息利用等课程为标志。基于近期的全国高等院校图书馆信息素养教育现状调查结果显示，包括"985""211"在内的 545 所大专以上院校，设有信息素养教育课程的占 43.12%，其中列为国家级精品课的仅有 5 所，占 0.92%；必修课 94 所，占 17.25%；选修课 283 所，占 51.93%。多数高校集中在大二开设信息素养教育课程，占 45.5%；大部分高校信息素养教育课开设不区分文理科，占调查院校的 70.73%。各高校基本采用课堂讲授占主导、上机操作为辅助的教学方式。在教材选择上，有 31.56% 的高校没有明确规定，37.25% 无指定教材。可见，信息素养教育课程设计在学校的发展并不均衡，有的学校以信息检索课为主，构建了整体的课程体系，成为国家精品课。但大部分院校并没有将其列入教学计划，选课情况不容乐观。目前，国内信息素养教育大部分仅限于图书馆的用户教育，包括专题培训、新生教育、嵌入式教学和信息检索课等，没有形成完整的信息素养教育课程体系。

二、课程设计的不足

（一）课程目标不明确

从教与学的角度来看，大部分师生认为只要学会如何查找资料就达到了信息素养教育的目标。很多高校的信息素养课程都是由资源宣传培训、信息检索课等组成，由图书馆来承担，并且以选修课形式存在的。受课程性质的限制，教学目标仅限于掌握信息检索基础知识及获取信息的方法，而忽略了学生信息意识、信息道德以及分析信息、管理信息、评价信息和信息交流等综合信息素养能力的培养。

（二）课程内容不完善

高校信息素养教育课程大都依托于学校现有的资源，尤其是图书馆资源的检索与利用。学校资源购置有限，不足以培养学生的检索技能、信息分析能力以及多角度了解信息环境的能力。一些高校受课时限制，没能把信息道德教育纳入课堂教学内容。目前缺乏权威适用的统编教材，教学内容不完善，教材体系还处于整合阶段，这使得信息素养教学内容无法保证全面性和一致性。在读秀学术搜索中查找相关书目有50%以上是2000年以前出版的，其中涉及计算机和网络检索的内容与篇幅较少，大部分重理论轻实践，缺少信息道德和信息意识的内容，内容不够新颖和实用。很多高校教材选取随意性较大，忽略了学生的专业和层次差异，不成体系，直接影响了课程的发展。

（三）学习活动较单一

信息素养教育是一门实践性很强的课程，按照教育部下发的文件要求，理论与实践课程的比例应为1∶1或2∶1。但在现实中，大部分高校都是选修课，采用填鸭式的教学方法，实践课程少之甚少；实践设计不贴近实际，不能激发学生的学习兴趣；考试采用笔试或写一篇论文的方式作为考核结果，导致学生的动手能力差、检索技能弱。

（四）课程评价没标准

我国信息素养教育与其他学科相比开设较晚，课程体系还不成熟。信息素养课程评价标准体系模糊，没有明确的执行标准，很难从评价里得出信息素养课程的效果。没有将信息素养能力的评价运用到学生的综合成绩中，学生学习后就无法判断自己是否达到学习目标。在宏观上，目前没有出台统一的信息素养评价标准，现有的教育评价都是基于教育主管部门的行政命令来实施的，没有宏观衡量杠杆。信息素养课程评价标准无权威性，课程结束后没有明确的考核标准和考核内容，导致高校信息素养教育效果不明显。在微观上，我国目前还没有一所大学能够制定符合自己学科建设发展、人才培养目标的信息素养评价标准，目前的研究多是在国外信息素养评价标准基础上的借鉴，并不太适合我国的实际，故而在实践过程中很难发挥指导作用。

（五）课程设计偏离学科

信息素养是学生综合能力的体现，信息素养教育应该融合贯穿在学生学习各种能力的过程中。层次教育模式虽然按照学生不同阶段的需求设计课程，努力想把信息素养教育融入学生的学习生活，但其效果仍待考证。由于课时数的限定以及学生所学专业的多元化，教师在课程设计中不能涉猎多学科专业学生的需求，比如在案例的设计、数据库的选择、检索技术的深入等方面只能选择具有大众特点的知识点介绍，因此偏离了学科建设的需求，造成学到的知识和技能无法更好地融入专业学习过程，无法调动学生的积极性和学习兴趣，达不到预期的学习效果。

三、课程设计保障

（一）提供合理政策保障

学校应为师生的信息素养教育提供政策性保障，制定相关信息素养教育规划，开设信息素养教育公共课程，建立大学生信息素养训练基地。例如，沈阳师范大学图书馆在学校职能部门的支持下，连续三年开办科研与信息素养精英训练营，从多个角度提升学生的信息素养。在信息素养课程设计过程中，需要教务部门的大力支持，让图书馆馆员和专业教师紧密配合，共同制定教案，促进信息素养教育的专业化、标准化、常规化。

（二）改变传统教育观念

在信息技术飞速发展的时代，人们的生活环境和学习环境发生了巨大的变化，传统的教学模式已不再能满足学生学习知识的需要。信息素养教育应该适应技术的进步和时代的发展。在线信息素养教育已经势在必行，教师需要通过网络实现与学生之间的信息传递，包括课件分享、问题讨论、知识点解析、学习监测等。教师在学生信息素养提升过程中的角色发生了巨大的变化，他们从课程的讲授者逐渐转变成辅导者和学习资料的提供者，教学模式从使用粉笔板书、投影的传统教学逐步过渡到使用移动终端、系统软件随时随地教学。图书馆馆员是信息素养教育的践行者，必须率先转变传统的教学观念，研究行之有效的在线教学方法与教学策略。

四、课程设计方案

（一）显在课程

1.分阶式培养，合理化开课

大学生信息素养教育课程设计，应按照信息素养教育知识体系的构成和内在逻辑，根据不同的专业和年级分三个阶段培养。一年级学生虽然对计算机和网络已不再陌生，但是对于什么是信息及对信息的辨别能力还相对薄弱，应针对他们的特点开设相应的基础课程；主要以公共必修课为主进行信息意识培养，提高他们捕捉信息和辨别信息的能力。大二、大三学生是学习专业课的主要时期，如何获取信息、利用信息更好地为学习、科研服务成为学生必须面对的问题；主要采用通识必修课和专业课嵌入的模式开设课程，以实践为主、理论为辅，以便学生在学习过程中提高自身的信息获取能力。处于大四阶段的学生，其学习目标是学会如何利用知识，应注重信息道德、信息评价和信息处理能力的培养。这个阶段的学生时间相对自由，需要开展通识必修课程来约束每个学生必须学习，将其塑造成完美的信息人。

2.按需求选材，针对性授课

第一个阶段的学生，刚刚走进大学校园，他们要学会适应新的学习环境、生活环境，他们也在不断成长。这个阶段的学生需要能提高生活质量的信息课程，如《信息学导论》《网络利用》等。在学习上，他们要利用资源自主学习，针对这样的需求，这一阶段需要开设《图书馆资源与利用》《计算机应用基础》等课程。第二阶段的学生，专业课学习占用了大量的时间，他们需要能提高自己综合素质的信息课程，如《信息检索与利用》（主要讲授文献资料检索利用的基本知识）。第三阶段的学生要学以致用，学生需要《信息政策》《信息法规》《知识产权》《信息管理与决策》等课程，这些课程可以让学生懂得如何合理合法地利用信息知识。

3.按计划开课，适当性嵌入

信息素养教育是一项全校性的教育工作，不能局限在图书馆等个别部门，要有针对地纳入教学计划，达到普及信息素养教育的目的。嵌入式教学是信息素养教育的一种模式，但是由于没有教学计划，任课教师不敢擅自嵌入，因此信息素养教育课程无法与专业课程对接。信息素养教育要想找到切入点，就需要学校有关部门在教学计划中适当安排，允许融合。嵌入式信息素养教育可以达到更加理想的专业教育效果。例如，沈阳师范大学金融专业要学习"企业资源计划（ERP）"，艺术类专业要学习计算机音频编辑等课程，在这样的需求环境下开展嵌入式教育很容易，也很必要。

（二）潜在课程

1.图书馆为主导，创设隐性教育

图书馆是学生的第二课堂，是信息素养教育的主阵地，除了开设显性课程外，应利用其丰富的资源开设隐性课程。隐性课程包括设置专门的信息素养教育活动中心，横向组织中心成员，结合专业特色，根据学校对学生的培养目标设计丰富多彩的学生活动，贴近学生的兴趣和爱好，在活动中潜移默化地影响和教育学生，从而达到信息素养教育的目标。如举行信息检索相关的电影展播、搜索引擎知多少知识竞赛、信息检索助你在商战中立于不败之地、信息检索提高生活质量情景模拟演出、时尚大师与你约会真人秀、信息拓展你的课堂等与专业结合的实践活动，学生根据喜欢的主题参加活动，在获得大学生实践学分的同时，还可以掌握知识，提高技能。如沈阳师范大学举办的"灵感翱翔，创意飞扬"信息技能大赛，激发了学生的学习热情，有助于计算机基础课程和信息检索课程的考核。

2.整合校园环境，开发隐性课程

随着网络环境的迅速发展，数字化校园构建成为校园建设的发展趋势。信息化教学和管理环境构成的信息化校园是重要的信息素养隐性课程。将信息的诸多元素有机融合到学校教学和管理过程中，不但可以提高工作效率，而且可以营造具有时代特点的日趋智能化的信息环境。校园网上提供了丰富的教学资源、便利的交流平台，学生可以利用其进行个性化学习及讨论。学生在学习的过程中会大量使用到信息检索、整理加工等操作。引入社会环境，有组织、有计划地把课堂搬入社会已经成为培养应用型人才的亮点。学生在参与众多社会活动的过程中，可以体验信息情感、应用信息工具，潜移默化地接受信息素养教育。例如，参加企业或科协举办的各种活动、参观信息产业中影响较大的企业、邀请信息专家来校举行讲座等，都可以拓展开阔学生的视野，有利于学生自身能力的提高。

（三）课程评价体系

合理有效的教学评价体系，是信息素养教育课程体系不可或缺的部分。课程评价体系既要体现课程设计的合理性，又要兼顾专业特点和学校优势。评价体系应该从教师和学生两个层面设计。对教师，实行五级督导制度，即学校、学院、教研室、学生和自我综合打分，从听课、教学秩序检查、作业检查、教案检查、学生监督、自我评定等方面进行考核。对学生，以理论分和实践分为最后得分进行评价。实行分层考评机制，不同年级的学生对应的考评内容不一样。对于大一学生侧重笔试考核；对于大二、大三的学生以参与隐性课程的情况作为主要考核形式，重点考核学生独立进行信息收集、分析与综合的能力；对于大四学生以实习与报告相结合的方式考核其信息能力的高低。

信息素养教育，对于高校大学生未来生活、学习和工作有着深远的意义。虽然有很多理论与实践的研究，但是目前高校大学生信息素养教育课题体系设置仍然存在不足。如果仍是图书馆人单方面的倡导和努力，没有受到整个高教系统的关注和关心，信息素养教育仍会寸步难行。只有协同合作才能实现信息素养教育全面普及的目的，才能完善高等教育人才培养课程体系，培养出更多具备创新思维和创新能力的高素质人才。

第四章 高校信息素养教育的
标准与教学模式研究

第一节 高校信息素养教育的标准

随着社会信息意识的增强与信息技术的进步，作为信息素养的基础构建——信息素养标准，必然成为每个信息工作者、教育工作者以及大学生所关注的问题。一套科学的信息素养教育评估标准，既是信息素质教育的培养指南，也是信息素养能力的评价依据。

国外信息素养标准相对成熟。在充分调研的基础上，2000 年 1 月，美国大学与研究图书馆协会（ACRL）颁布了《高等教育信息素质能力标准》。它不仅是美国图书馆界制定使用的标准，而且得到了全美高等教育协会的认可，成为美国所有高校图书馆进行信息素质教学评价的标准，还被英国、加拿大、德国、瑞典、墨西哥、澳大利亚、南非和西班牙等多个国家参照采用。这些国家在理论和实践上都取得了较好的成绩，也为我国高校大学生信息素质能力标准的制定提供了借鉴。

我国高校信息素质能力指标体系一直处于探索阶段。为了探索并制定适合我国大学生的信息素养指标体系，清华大学图书馆与北京航空航天大学图书馆在 2003 年承担了"北京地区高校信息素质能力示范性框架研究"的科研项目。该指标体系分为 7 个一级指标，19 个二级指标。7 个一级指标是：①具备信息素质的学生能够了解信息以及信息素质能力在现代社会中的作用、价值与力量；②能够确定所需信息的性质与范围；③能够有效地获取所需要的信息；④能够正确地评价信息及其信息源，并且把选择的信息融入自身的知识体系中，重构新的知识体系；⑤能够有效地管理、组织与交流信息；⑥作为个人或群体的一员能够有效地利用信息来完成一项具体的任务；⑦了解与信息检索、利用相关的法律、伦理和社会经济问题，能够合理、合法地检索和利用信息。

2008 年 4 月，全国高校图工委为了适应信息素质教育情况的新变化，组织部分专家制定颁发了《高校大学生信息素质教育指标体系》(讨论稿)。该指标体系分为 6 个一级指标，17 个二级指标。从一级指标看，与北京地区的相比减少了第 7 条"信息伦理"方面的指标。从具体内容来看，与国外指标体系相比，要柔和得多，这也许是我国国情所致。但随着人们信息意识的增强、信息技术的进步、信息能力的提升，信息伦理仍然不容忽视。因此，一方面，我国的总体信息能力可能形成后发优势，信息能力标准不应减弱；另一方面，信息伦理的要求也需要提高，信息伦理标准不能减少。

一、制定我国大学生信息素质能力标准的建议

明确主体——国家教育行政主管部门全面组织规划实施。信息素质教育需要国家政策的支持和干预。由国家教育行政主管部门牵头领导，建立由中国图书馆学会、教育部图工委、中国高等教育学会、中国教育学会等全国性的学术组织组成的课题组，充分发挥专家在各自领域内的学术领导作用，

集中组织大学生信息素质标准的研制。借鉴国外标准，吸收已有经验，立足我国实际展开讨论，通过深入调研、试点，制定出适合我国高等教育的信息素养标准及实施细则。

制定标准——信息素养标准的确定，需要明确学生信息素养的内涵和外延。在调研时应充分吸收实践工作者和大学生的意见，使标准在一定受众范围内进行研究和制定，借鉴国外、国内的理论和实践研究成果，架构信息素养标准的宏观体系，分解二级指标内容，细化具体条款；既要有定性指标，又要尽可能给出定量指标，使其更具有可行性，从而得出可操作性的标准体系和实施细则；再经过不同层次的高校试点和反复论证，最后出台全国统一的标准体系和实施细则。

制定政策——督促各高等学校狠抓落实。高等学校须将信息素养作为衡量大学生学业的基本要求，将信息素养教育作为素质教育的核心课程纳入教学计划。高校教学管理部门负责组织实施；信息素养培育部门，如图书馆、计算机应用基础教学部门、现代教育技术部门负责具体落实。高校学生管理部门在大学生素质评级、优秀评选、用人推荐方面要有一定的权重指标，要能引起大学生、家长和用人单位足够的重视。

考核评价——采用行政指令方式，以确保标准贯彻执行，达到培养大学生信息素养的目的。信息素养不仅是当前评价人才综合素质的重要指标，也关系到信息时代每个成员的生存能力。

高校信息素养评价标准的层次性与全覆盖性、前瞻性与可操作性等，决定着信息素养教育的效果。许多国家都在不断探索大学生信息素养教育框架，而且随着信息与通信技术的不断发展，高校信息素养评价标准和维度也将不断变化。

二、信息素养教育的立体视角

纵向上建构相互衔接的信息素养教育梯级体系。信息素养教育是养成性教育，是起始于幼儿园、小学、中学、大学直到工作后的终身教育。我们注意到，美国在各级各类学校中都设有信息教育课程，并开发了大量的信息素养教育项目，如著名的"2061计划"，该计划提出了信息技术与各学科整合的思想，面向从幼儿园到高中的所有学生和学科。我国也应该开设从幼儿园到高中的文献查找训练、信息技术课程，充分利用学生旺盛的求知欲，使其了解各种工具书的使用，熟悉图书馆、因特网等的使用方法和规则，逐步培养学生的自学能力和必需的信息素养。

横向上寓信息素养教育于教学管理服务各环节中。信息素养教育是合力教育，要求学生把信息意识作为智力支持，把信息能力作为核心本领，与实践能力构成生存发展的基石。为此，学校要从战略高度来认识，将信息素养教育寓于教学、管理、服务的各环节中，全面打造信息素养教育环境，使学生的信息素养在各部门的共同作用下，成为与专业素养、政治素养同等重要的基本素养。

将信息素养教育融入各学科课程教学中。信息素养教育是渗透教育，各学科教育既需要教授该科的理论知识，又需要培养专业实践能力，还需要获得信息资源的实际操作能力，以及信息甄别、评判能力，进行批判性的吸取，再进行改造创新，从而获得有价值的专业学科信息。如果各学科都以此来评价学生的学习效果，那么学生必将比应试教育下的学习效果好得多，专业能力也强得多。这就需要把我们的教育从记忆型教育转向信息型教育，从单纯学习型教育转向大胆创新型教育。

三、高校信息素养教育的应然模式

第一，成立机构，完善机制。①信息素养教育具有跨学科、跨专业的特点，是一项系统工程，涉及许多部门，如计算机教学单位、信息管理教学单位及教务管理部门、学生管理部门等。为了形成合力、统一部署，笔者建议成立由学校领导、教务管理部门、计算机专家、学科专家等组成的"信息素质教育领导小组"，并明确其职责；制定学校的信息素质教育总体目标、战略规划、发展方针以及相关制度；根据学校层次和办学水平，制定适合本校的信息素质教育标准，并纳入教学计划，审编教学大纲、规范课程名称、梳理教学内容和配置教学设施；强化师生的信息意识，确定各专业信息素质能力；制定检查评估和激励措施，推广校内外信息素质教育的成功项目和教学模式；等等。②信息素养的培养不仅是信息学科教师的神圣职责，也是包括管理者、服务者在内的整个学校的职责。学校管理者应支持全校的信息素养培养计划；信息学科教师应帮助学生获得特定课程的信息素养；图书馆馆员则主要负责文献信息服务和信息检索技能培养。在互联网高度发展的时代，信息学科教师成为信息素质教育的执行者，而图书馆馆员应与信息学科教师互相合作，各尽其职。

第二，信息素质教育的模块化、层次化。高校信息素质教育可根据不同的教育对象和需求，将信息素质教育分为多层次和多目标来安排教学内容，设置多层次的信息素质教育模块，在此我们借鉴孙平教授的信息素质教育体系层次结构理论的内容：①强化《计算机应用基础》的实用技巧。高校开设信息技术基础课程，教育目的是普及信息技术教育，培养学生的信息技能；认识到计算机的工具性作用，把它作为认知工具，辅助课程教学；通过课件设计、开发，加深大学生对计算机多媒体性和强交互性等特性的认识。在信息技术测评手段上，采取计算机一、二、三级考试。在实际应用技能操作中，利用网络工具（常用软件包括 E-mail、网络浏览器、搜索引擎等）以及常用专业模块软件进行信息的搜集整理。②改进《信息检索与利用》的教学模式。高校文献检索课的教学应有较大的改革，鉴于文献检索课的内容和形式都有很大变化，课程名称宜改为《信息检索与利用》。其教学内容除了应使学生具备传统文献检索技能外，还应具备利用多途径获取各种专业信息的能力。③加强专业课程的整合，渗透信息教育。一是在课程内容的编制上应渗透信息教育。二是把信息技术与学科教学充分整合，让信息技术融入到学习过程中去。专业信息素质教育模块，是基于学科的专门信息素质教育，包括了解本学科信息的范畴、类型、常用的信息资源，对本学科文献的内容做出有效的评价，并对其中的举证做出判断，能够完成与本课内容相关的论文写作或者课程设计，教育对象是本科高年级学生和研究生。

第三，高校信息素养的标准与模式应该相互配合。标准的合理制定可以有效地实施信息素养教学模式。模式的恰当运用才能更有力地达到信息素养标准。因此，两者是相互照应、相互补充完善的。要真正把信息素养的标准运用于学生能力培养，将信息素养培养模式转化为切实的操作，则应在标准与模式之中寻求一种关联性、可行性的平衡，只有这样才能达到有效目的。

第二节　高校信息素养教育一体化

国际图联（IFLA）和联合国教育、科学及文化组织（UNESCO）于 2005 年 11 月在埃及亚历山大联合发表了《亚历山大宣言》，这一做法表明信息素养教育已经成为一种国际化潮流，世界各国越来越重视信息素养教育研究和推广。近几年，随着以图书馆为教育主体、以"信息检索"为主干课程的课程改革不断深入及广泛开展，我国的信息素养教育在高校正如火如荼地进行。然而，信息素养教育的效果并不显著，当前大学生信息素养水平也不容乐观，高校教师的信息素养综合能力无法为大学生的专业学习提供强有力的支持。针对高校信息素养教育存在的瓶颈，笔者提出了信息素养教育一体化的理念，探讨高校信息素养教育一体化的有效可行性措施，以求为提升大学生信息素养水平、改善高校信息素养教育效果提供参考。

一、信息素养教育一体化的内涵

信息素养教育一体化就是针对目前信息素养教育中教育主体力量过于分散、教育过程缺乏整体统筹、教学内容不够全面系统等问题，将信息素养教育中原本相互独立的元素通过彼此融合结合成一个整体，构建一个体系完善、结构合理、内容科学的全方位、多层次的信息素养教育运行模式。

（一）信息素养教育内容的一体化

信息素养教育内容综合全面，形成了一体化教学大纲。目前高校开展的信息素养教育主要以"信息检索"等课程为主，大都偏重信息知识的获取与技能的传授。实际上，就教学内容而言，信息素养教育是信息意识、信息能力、信息道德等综合能力的教育。信息素养教育的基本目标，不仅仅是简单的信息能力的提高，而应包含信息意识和信息伦理道德的养成。因此，信息素养教育的内容体系应多方面并重，形成一体化教学大纲，只有这样才能保证信息素养教育的真正效果。

理论教育与实践应用相结合，形成了一体化的教学模式。信息素养教育强调"学以致用"，信息意识、能力和道德等的提高最终都必须落实为信息实践能力的提高，落实在学习、工作中就是应用信息分析问题、解决问题。高校信息素养教育应针对大学生的特点展开，结合其专业学习及就业去向等进行，只有理论教育与实践应用密切结合，形成一体化的教学模式，才能达到开展信息素养教育的最终目标。

（二）信息素养教育主体的一体化

信息素养教育付出主体的一体化。目前高校的信息素养教育者主要是图书馆馆员，教育付出主体力量明显单薄。教育付出主体的一体化，强调教育主体的多层次性，因为培养大学生的信息素养能力不仅是馆员单方面的责任，也是学校中多方人员共同的责任。学校应从整体上进行规划，馆员、教师、教育管理人员等在时间、空间、人力、物力等方面分工协作，全校教育人员之间形成有效的教育合力，确保信息素养教育的整体力量。

信息素养教育接受主体的一体化。高校信息素养教育接受主体一直泛指大学生；事实上，教育者和受教育者是一个整体，在某项活动中，其是教育者身份，在另一活动中，则可能是受教育者身份。笔者的调查也显示，92%的教师及 91%的馆员认为自身的信息素养需要提升。因此，信息素养教育不仅仅针对大学生，同时应该注重教师、教育管理人员及馆员的信息素养教育，体现信息素养教育接受主体的一体化。

（三）信息素养教育过程的一体化

信息素养教育贯穿大学教育的全过程。信息素养教育对整个社会来说是全民教育，对每个个体来说是终身教育，对高校来说则应该是贯穿整个大学教育全过程的教育。高校信息素养教育不仅仅是对低年级或高年级开展的一次性短线教育，而应针对不同专业、年级学生的个性心理及信息动态需求，分阶段有针对性地开展连贯性长线教育，只有这样才能使教育效果显性化，更具实用性。

信息素养教育渗透大学教育的全部课程。长期以来信息素养教育一直作为一门独立的课程，游离于高校整体教学活动之外，无法发挥其对学科教学及技能培养的渗透作用。信息素养教育如果不能与专业教育很好地衔接，势必会削弱其教育功能。因此，信息素养教育不仅应贯穿大学教育的全过程，更应渗透进所有课程教学之中，在全部课程教学中嵌入信息意识及信息知识等，如此才能培养学生的综合信息技能及实际应用能力。

二、实现信息素养教育一体化的措施

（一）教育内容分层并重

良好的信息素养教育不是孤立地培养学生某一方面的能力，而应多方并重、同步教育，但在具体操作中可以分层次进行。

高校应根据不同阶段学生的认知能力及专业课程计划，分层、系统地开展信息素养教育。比如，大学一年级以培养学生的信息意识（信息主体意识、信息传播意识和信息创新意识等）为主，通过《信息素养导论》理论教学让学生了解信息的基本知识，通过实践教学让学生掌握基本的信息技能；大学二年级以培养学生的信息能力（信息检索、信息获取、信息组织等）为主，将传统的《信息检索与利用》渗入到专业课程教学中，通过专业课程教学中设定的具体任务驱动，让学生掌握信息的获取及利用技能；大学三年级以培养学生的信息创新（信息利用、信息重组、信息创造和信息评价及处理能力）为主，通过《论文写作与信息检索》的学习，结合具体的实践活动和研究任务，让学生充分利用信息技术进行研究和实践，培养其应用信息技术进行创新的能力；大学四年级以培养学生的信息道德（保护网络信息知识产权和网络隐私，遵守信息法规，抵制信息污染）为主，通过《信息道德与安全》让学生了解知识产权、信息法规等内容，最终在毕业实习或毕业设计中培养其综合信息素养能力。

（二）与学科教学充分融合

美国学者认为，信息素养能力"并非游离于（学科）课程之外，而是交织在其内容、体系结构与顺序安排之中"；澳大利亚各高校也鼓励和支持信息素养内容与学科及专业课程的整合。信息素养教育应当与学科课程教学相整合，在专业课程的学习中完成信息素养构建，让学生明白信息素养是一种必备的专业内容，而不是额外加入到专业课的"添加课"。

例如，在《环境学概论》课程"环境污染"这一章节的教学过程中，笔者与专业教师商讨，选择与人类生活息息相关的"垃圾焚烧"和"废旧电池"两个专题专门设计了一课时的信息素养教学内容，为学生专门介绍"垃圾焚烧""废旧电池"的相关信息。根据不同学科课程的特点，可以将信息素养教学循序渐进地嵌入到专业课程的授课、作业、实习、考试等各个教学环节中，将信息意识、信息资源、信息技能，包括信息的获取、传递、加工、再生和利用等贯穿于整个教学活动的始终，使整个教学过程具有更强的直观性和操作性。把信息素养内容融入学科课程，旨在将信息素养教育与各学科结合起来，培养学生与核心课程相关的专业必备的信息技能。

（三）推行实践教师双重导师制教学

馆员对信息资源的把握最为熟练，教师对专业知识的理解最为深刻；在信息实践技能培养中，馆员与教师的共同合作可以找到实践应用与理论教学的最佳切入点。根据调查显示，54.4%的教师和63.8%的学生认为应该由图书馆与专业教师共同承担信息素养教育任务，只有 2.4%的教师和 11.6%的学生坚持由馆员单独承担。推行馆员和教师双重导师制是国外高校开展信息素养教育的主要模式，如美国衣阿华州立大学的 TWIST（Teaching With Innovative Style and Technology）项目，参加人员主要包括 TWIST 的教育技术人员、图书馆馆员和相关院系专业教师，目的在于支持教师与馆员一起设计与创建学习工具和活动，调查、研究学生利用信息完成作业和计划的思考方式等。

在毕业论文或毕业设计等实践教学活动中推行双重导师制的效果尤为显著，笔者作为院系学科联系人，一直与院系教师共同指导学生的毕业论文写作；专业教师负责论文的选题及论文架构，笔者负责学生论文写作不同阶段的信息获取及处理。笔者的做法是在选题阶段指导其如何广获粗读文献；在写作阶段指导其如何精选细读文献，如何快速获取事实数据、调查数据及特种文献，如何遵守信息道德及知识产权；在论文完稿阶段指导其论文的规范标准；等等。在笔者每年指导的学生毕业论文中，50%左右能获得学校的优秀毕业论文，有些还获得了省级优秀毕业论文。

（四）任务驱动或问题求解式教学

信息素养教育以培养学生的实际操作能力为目标。任务驱动或问题求解式教学是将信息素养教育引入课程，在教学过程中以某任务或某问题为载体，创造一种类似的情境和途径，让学生通过自己收集、分析和处理信息来实际感受和体验知识的产生过程，最终达到完成任务或解决问题的目的，从中培养分析问题、解决问题和创新的能力。此种教学模式，要求教师在教学中能寻找适宜的载体（如论文撰写、专业实习、实验设计、毕业求职等），将信息素养教育与大学生的实际任务有机结合起来，组织和引导学生自主确定课题，广泛搜集材料，独立思考问题，变被动接受为主动探索，培养学生的综合解题思路和能力。

（五）定期开展师资培训研讨

教育者必先受教育，81.4%的教师认为自身的信息素养水平对学生的信息素养有影响；78.6%的学生认为教师的信息素养水平对自身的信息素养有影响。很多高校都已将"信息素养教育"列入学生的培训或必修课程计划，而将"信息素养教育"作为计划列入教师培训内容者甚微，注重对图书馆馆员培训者更是少之又少。事实上，92%的教师及91%的馆员认为自身的信息素养水平需要提升。师资信息素养能力的层次不一，不宜采用固定的培训模式，84.8%的教师及97%的馆员愿意以系列讲座形式开展培训。专题讲座或研讨的自由方式有利于教师的灵活选择。

高校可以由现代教育技术中心负责以新教师必修、老教师自选的方式开展信息技术培训；由图书馆负责以专题讲座的方式开展信息知识培训；由法律与政治学院负责以专题讲座的方式开展信息伦理道德培训；由教务处负责以专题研讨的方式开展结合教学实践的信息经验交流；由学工处负责以互动的方式开展学生与教师、馆员之间的信息沟通；由图书馆牵头定期开展信息互动沙龙，教师、学生、馆员在一起交流心得，互通信息，交换经验，让教师、馆员了解学生的信息需求及自身的信息盲点。多种方式并举的培训方式为大多数教师所认可，也使教师的信息素养整体得以提升。

虽然目前我国的信息素养教育一体化建设还未达成共识，这种状况也必然影响着信息素养教育的进程，但是我们有理由相信只要有人率先力行，通过各种措施增强教育合力，开辟信息素养教育一体化道路，必然能促使高校信息素养教育的一体化形成气势，促进信息素养教育的整体进程。

第三节 高校信息素养教育模式研究

一、新媒体时代下高校信息素养教育

随着数字技术和信息技术的发展，媒体传播形态也发生了较大变化。通过对新媒体时代对信息素养影响的分析，笔者剖析出建立信息评价的标准、采取分层次教学的方式，倡导以学习者为中心，从课程设置等方面探讨了新媒体时代下高校图书馆信息素养教育所采用的最优策略。

随着信息技术和数字技术的发展，媒体的传播形态经历了巨大的变革，以博客、微信为代表的新媒体不断发展、壮大、成熟。近些年来，Web2.0 和智能手机等移动终端应用广泛，人类进入了新媒体时代。新媒体时代是一个相对的概念，是继报刊、广播、电视等传统媒体以后发展起来的媒体形态，包括网络媒体、手机、数字电视等。新媒体亦是一个宽泛的概念，利用数字技术、网络技术，通过互联网、宽带、局域网、无线通信网、卫星等渠道以及电脑、手机、数字电视机等终端，向用户提供信息和娱乐服务的传播形态都可以称为新媒体。

笔者以篇名"高校"和"信息素养教育"作为检索条件，选取时间为2006～2016 年，在 CNKI 中国知网期刊全文数据库中检索出有关高校信息素养教育的文献（剔除无关数据后）共计 537 篇。

从论文数量上看，有关高校信息素养教育研究的论文呈逐年上升的趋势。从研究内容上看，主要研究高校信息素养现状、特点、机制等，而利用新媒体技术研究高校信息素养教育的文章尚不够深入，研究的关注度不高，各类基金的支持也不够。上述 537 篇论文中只有 20 篇获各级基金资助。

目前，中国开展信息素养教育存在以下问题：一方面，形式上较为单一，

内容上较为枯燥，主要以课堂面授、图书资料和 PPT 为主；另一方面，开放程度不高，据网上调查显示，在大多数的高校图书馆网站中，信息素养教育相关的信息仅限于培训时间、培训地点和培训主题等，当代大学生信息需求逐渐呈自主性、快捷性、创新性等特点。手机、IPAD、平板电脑等智能终端的广泛利用，传统的信息教育方式再也无法满足新媒体时代下学生对信息素养的需求。因此，现阶段信息素养教育可以借助先进网络技术和新媒体技术，对信息资源进行重构，打破时间和空间等方面的限制，依托 MOOC、微课等网络在线教学模式，建立形式灵活多样、内容丰富多彩、免费共享的信息资源，提升学生多媒体环境下的信息素养能力。

（一）新媒体时代对信息素养教育的影响

1992 年的《信息素养全美论坛的终结报告》中，详尽地阐述了信息素养的概念：一个有信息素养的人，能够认识到精确和完整的信息是做出合理决策的基础；能够确定信息需求，形成基于信息需求的问题，确定潜在的信息源，制定成功的检索方案，基于计算机和其他信息源获取信息、评价信息、组织信息并应用于实际，将新信息与原有的知识体系进行融合并在批评思考和问题解决的过程中使用信息。由此可见，信息素养的内涵和外延在不断地扩大和加深，信息素养教育也呈现出许多新特点。

1.加强信息道德建设

2000 年，英国谢菲尔德大学信息研究中心的教授在美国情报科学杂志上发表了《信息素养的概念：新的观点与意义》一文，在探究信息素养内涵时，在以往美国图书馆协会强调的信息意识、信息能力的基础上特别增加了信息道德维度，强调在社会中合法使用信息的重要性。

英国伦敦大学学院图书馆研制开发的 Wise 在线平台，其中包括信息评估、使用以及合法性等模块，面向对象为初学者，同时这个在线平台向校外人士开放。

Information Literacy Training 是丹麦哥本哈根大学的在线课程，其中就有"参考文献的使用、著作权"等培训模块。

近几年来，国内部分高校逐渐在信息素养教育内容中加入了信息道德等方面的内容。武汉大学 2012 年开设了全校通识课《学术规范与论文写作》，2014 年开设了面向研究生的有关学术规范慕课课程。北京大学张久珍开设的《信息素养概论》课中，"信息伦理"占了其中大部分，包括"信息自由与隐身、学术规范、网络素养"。因此，对于信息道德而言，国内外现已达成共识，把其作为信息素养教育内容的重中之重。高校在教学过程中应加大对知识产权保护的宣传力度，让大学生在浩如烟海的信息资源中高效地、合理合法地获取所需的信息资源，养成良好的利用信息资源的习惯。

2.重视信息资源评价和信息资源利用能力培养

信息素养教育是一项应用性、实践性很强的教育活动，在教学过程中要倡导"以学习者为中心""自主性学习""团队合作"等学习模式，打破传统的教师教授、学生被动听课的局面。教师在整个教学过程中要充分起到引领者、咨询者的作用，让学生发挥学习的自主能动性，激发学习热情。新模式的信息素养教育目标不但是为了让学生更好地学习和记忆新知识，更重要的是培养学生利用这些知识去解决实际问题的能力，而这种能力是最能够提升自身的信息素养需要的。北卡罗来纳大学图书馆自行开发了在线棋类游戏，主要通过回答信息素养等问题进行闯关，内容涉及检索规则与技巧和数据库使用等，这款游戏最多可让 4 位游戏者同时在线。这款游戏让学生学会了如何使用检索工具，并且能够利用这些工具解决遇到的实际问题，最终达到提高信息素养能力的初衷，同时游戏也促进了学生之间的相互交流与合作，学习的过程也变得更加轻松和有趣。

中国科学技术大学罗绍峰讲授的《文献管理与信息分析》是国内非常知名的公选课之一，这门课程最大的特色是将信息分析与利用、信息分享与协作、信息管理作为课程的重点。沈艳红、郑淑娟在《信息检索课教学内容改革与大学生信息利用能力培养》一文中指出："在互联网已成为主流的世界中成长起来的新一代大学生，其信息行为满足于浅尝辄止，信息分析、评价和利用的能力正在不断萎缩。"因此，文检课教师应将切实提高学生的信息分析、评价和利用能力作为教学重点，将这一部分的教学内容改革作为突破口。

（二）新媒体时代信息素养教育应采取的策略

1.建立统一的信息素养评价标准

2000 年前后，国外很多图书馆都根据信息素养的概念制定了信息素养能力标准，以标准作为信息素养教育目标和教育内容的制定依据，其中以美国 ACRL 标准、澳大利亚与新西兰 ANZIIL 标准以及英国 SCONUL 标准最为著名。这三个标准共同认定信息素养能力包括信息需求、信息获取、信息评价、信息创新。信息素养评价体系是有效评价大学生信息行为的重要标准，对高校信息素养教学目标制定、课程的内容以及发展方向具有重要的指导意义。到目前为止，我国仍旧没有一个统一的信息素养评价标准。因此，我国亟须建立信息素养评价体系，明确对学生信息需求、信息获取、信息分析与利用等能力的要求，使学生的信息素养能力更加标准化、细分化、明确化。

2.采取分层次教学方式

用户根据学历的不同分为本科生、研究生、博士生；根据职位的不同分为学生、科研人员、教师；根据学习阶段的不同可以分为入学阶段、就读阶段、毕业阶段；根据学科专业的不同可以分为理科、文科、医药卫生等。通过分析不同用户的实际需求，按照某种规则，可以将这些用户组成不同群体，有针对性地提供信息素养教育服务。

将用户细分，高校图书馆可以了解用户在信息利用、信息评价、信息技能、信息道德等方面的具体情况，更加准确地掌握用户的信息素养水平。通过各种形式的专题讲座、培训讲座等将信息素养内容教授给不同层次的用户，并逐步增加信息分析与评价的授课力度，从而更加直接、有效地提供所需的教育内容。

3.拓展教育方式

华盛顿大学图书馆推出了一项非常有特色的"本科生图书馆资源研究奖励计划"，该计划在美国拥有较高的认可度。在奖励计划中，每届登记入学的本科生都可以参加，要求在规定的时间内，提交参与的学分课程或本科生研究计划的研究成果，其中将学生的信息资源评价能力作为评审的重要条件。这项计划的主要目的是让学生能够充分利用自身的知识结构，准确、快速地获取所需的信息资源，完成原创性课题，加大对学生信息素养能力的培养力度。

近年来，国内高校相继开展了翻转课堂教学模式，这种教学模式的特点是将课堂上所有的时间都用于同学之间相互协同、团体合作的实践活动，强调"以学生为中心"。翻转课堂教学模式最大的魅力在于，在课堂上学生不仅能够通过专题活动获得知识与实践能力，更能激发出创造性思维。

4.根据学生的信息需求变化设置课程

在英国 SCONUL 2011 年修订的信息素养标准中，强调了应把信息素养视为持续性的、始终贯穿整个科研乃至终身学习和工作过程的一种重要的、可迁移的技能。传统的信息素养教学着重传授信息知识和检索技能，而忽视了可迁移技能和学术技能的传授。信息素养应该是长期的、贯穿于终身的教育，不能一味只停留在求学生涯中，而是要不断开阔视野，着眼于未来的发展，培养学生在社会生存中对所需信息资源的利用和使用技能。

信息素养教师应激励学生温习并思考如何运用技能，引导他们学会制定一个目标来实施计划，在解决问题的过程中完成困难预估、进程掌控、信息有效获取、信息评估等任务，并最终形成一套适合自己的信息处理风格。

信息素养课程完全可以渗透到专业课程的讲授、作业、考试等各个环节中，其授课内容由专业教师和馆员共同设计和安排，使学生把信息素养课程作为自己专业课程的一部分，在学习专业课的过程中也掌握了分析问题和解决问题的能力，提高了自身的信息素养水平。在这种教学模式中，学生以组为单位，相互学习、查信息、做研究、找答案。借助于 QQ、微博、微信、云笔记等具有"群"性质的全媒体工具，构建虚拟的小组学习区，极大地提高了学习效率。如利用 Evernote 印象笔记"共享笔记本"的功能，将学习小组成员设为共享学生，这样所有成员搜集到的相关资源就可以随时随地分享给自己的同伴，集合群体的力量构建了一个具有智能分类和搜索功能的相关资源数据库。信息素养课程应该以解决专业问题为信息背景，同时体现出学生个性化的特点，坚决不能把信息素养课程变成一种功利需求，变成升学、考研、就业的一种临时课。

信息素养是现代社会人们所应具备的一种综合能力，随着新媒体时代的到来，信息技术、网络技术的迅猛发展使得信息素养的内涵和外延也发生了较大变化，被赋予了新的标准，因此，信息素养教育模式应进一步深化和完善。高校图书馆同仁要更加重视信息素养教育，探索新媒体时代下信息素养教育的最优实践方法和道路。

二、"互联网+"理念下的高校信息素养教育

"互联网+"时代，各种新技术的广泛应用，使得信息环境不断变化，对信息素养教育提出了新的要求。文章从探讨"互联网+"时代信息的特征、信息环境的变化入手，分析了"互联网+"时代对信息素养教育的影响和当前信息素养教育的不足，提出了基于"互联网+"理念的信息素养教育策略。

互联网的出现与演进，不断改变着人们的生产和生活方式，有力推动着社会的发展。作为人类信息环境的重要组成部分，互联网已经成为人类交流、传播、获取信息的重要渠道。随着"互联网+"概念的提出并被作为一个国家战略，全国各行各业积极响应，运用互联网思维，积极探讨"互联网+"时代生存与发展的新模式，制定"互联网+"发展规划。图书馆是社会信息和知识的组织、分析与服务机构，"互联网+"时代为图书馆的转型与发展提供了良好的机遇，新兴的信息技术为图书馆提升信息服务质量提供了物质保障，同时，"互联网+"也对图书馆信息素养教育提出了更高的要求。顺应时代发展、更新教育理念、创新教育模式、优化教学设计，使信息素养教育焕发新的活力是每一个信息素养教育工作者需要深入研究的重要课题。

（一）"互联网+"时代与信息素养教育

1."互联网+"时代的信息特征

信息数量激增。"互联网+"时代，信息存储与传播方式发生了巨大变化，网络结构的开放性和信息发布的自由性，令每个人都可以成为信息的发布者，使得信息爆炸性增长。

信息内容丰富。随着互联网普及率的提高，互联网正渗透到社会生活的方方面面，互联网上信息覆盖面广，涵盖了不同学科、不同领域、不同语言的信息资源，政府信息、教育信息、科研信息、商务信息、休闲娱乐信息等无所不包。

信息类型多样。互联网以超文本、超媒体、集成式提供多种类型信息，从载体形式看，可以是文本、音频、视频、图像等各种形式；从存在形式看，有文件、数据库、超文本和超媒体等形式。

信息污染严重。由于信息制造者的水平处于不同层次，所生产出的网络信息质量参差不齐，各种陈旧过时、虚假重复的信息充斥于网络，造成了严重的信息污染，危害着人类的信息环境，影响着人们对有效信息的及时吸收与利用。

信息传播的交互性。传统媒体信息单向传递，信息受众被动地接收信息，缺乏信息反馈。网络信息借助于数字技术、网络技术能够对信息即时反馈，具有交互性、互动性，用户既是网络信息资源的利用者，也是网络信息资源的开发主体和建设者，通过互联网可以随时交流、传播各种信息。

2."互联网+"时代信息素养教育环境

"互联网+"时代，信息技术、计算机技术、网络通信技术等现代技术日新月异，各种信息载体并存，除了传统文本形式信息以外，声、像、影等形态的信息数量日益增加；同时，多种传播媒介相继投入使用，获取信息的渠道不断增多，形成了泛在、开放的信息环境。在这种环境下，用户获取信息更加便捷，但在纷繁冗杂的信息中，正面、负面信息并存，信息获取、利用的难度不断加大，用户需要具有鉴别、评价、选择信息的能力，才能从海量信息中分拣出真正需要的信息。

3．"互联网+"时代对信息素养教育的影响

信息资源的日益丰富深刻改变着人类生存和发展的社会环境，移动互联网、云计算、大数据等先进技术的广泛应用使人类的思维方式和解决问题的能力发生了很大变化，终身学习能力成为个人在现代社会生存的基本能力。国际教育发展委员会主席埃德加·富尔说过，"我们再也不能刻苦地、一劳永逸地获取知识了，而需要终身学习如何去建立一个不断演进的知识体系——学会生存"。扎实的信息素养是终身学习的基础，信息素养教育显得越来越重要。2015年2月，美国大学与研究图书馆协会（ACRL）发布的《高等教育信息素养框架》全面阐释了高校信息素养教育的内容，同时对高校信息素养教育提出了新的要求。

信息素养教育内容更加广泛。信息素养是一种综合素养，除了信息获取、鉴别、评价、选择能力外，还涵盖了计算机素养、阅读素养、数据素养、视觉素养、媒体素养、网络素养、文化素养、艺术素养等多方面的能力。因而，高校信息素养教育是一门综合性学科，除了文献资源的检索，还包括科研数据的分析、判断，社交工具和移动版应用程序的使用，可视媒体的创建、使用以及各种新型出版方式等多种知识。

重视信息评价利用能力和创新意识的培养。"互联网+"时代，信息环境复杂多变，信息污染严重，极易产生信息迷惑、信息盲从等现象。只有具备对信息进行辨别、分析和评价的能力，才能从浩如烟海的信息海洋中获得真正有价值的信息，同时要具备创新意识和创新能力，灵活支配信息，对获取的信息有效利用，创造性地解决实际问题。

注重信息道德意识和良好信息习惯的培养。数字技术和网络技术日益发达，人们获取信息、传播信息更加方便快捷，但同时也为信息犯罪提供了

便利条件，因此更需要强化信息道德意识。高校的信息素养教育，在教会学生如何获取信息的同时，还要引导学生自觉抵制不健康信息、合理合法地利用所获得的信息。在信息素养教育过程中，应强化知识产权与版权等相关法律知识，使学生尊重他人知识成果，不抄袭不剽窃他人学术成果，养成良好的信息习惯。

目前信息素养教育多数是由图书馆承担的，但是图书馆在高校中处于教辅地位，影响力有限，信息素养教育课程普及率不高，在高校课程体系中地位低下，很多高校把信息素养教育相关课程（如文献检索、信息检索、信息资源检索等）设为选修课，而且学时有限，学分低，学校和学生普遍对信息素养教育重视不足，课程建设总体上落后于信息时代的发展。

"互联网+"时代，信息技术、网络技术等新兴技术迅猛发展，但图书馆出于经费等原因并不能立刻将新技术应用于教学。多数图书馆的信息素养教育仍采用传统的教学方式，条件好的学校也只限于使用 PPT 课件，增加学生上机实践等，无法取得理想的教学效果。

当前信息素养教育仍以文献检索课为主。限于学时，多数高校教学内容侧重介绍检索语言、检索途径、国内外常用检索工具、数据库的使用等，缺少信息鉴别、评价、选择、利用及信息道德等方面的知识。

信息素养教育师资队伍一般由图书馆馆员组成，通常缺少教育学、现代信息技术、网络技术等相关知识；承担信息素养教育的教师多数都是兼职教师，除了教学以外，还要承担图书馆的其他业务工作，没有时间与精力进行教学研究；加之在高校中政策向一线教师倾斜，图书馆不是正式教学单位，图书馆的地位决定了信息素养教育者很少有交流、培训、进修的机会，不能及时进行知识更新，无法及时了解先进的教育理念、掌握先进的教育技术。

（二）基于"互联网+"理念的信息素养教育策略

随着现代社会信息化和网络化的发展，传统的文献检索课已经不能适应当前泛在、开放的信息环境，亦不能满足对信息资源获取与利用以及获得其他信息素养相关知识的需求。如何变革信息素养教育，适应"互联网+"时代的需求是教育部门和教育工作者需要深入探讨的一个重要课题。

1.提升信息素养教育的地位

早在 2005 年的《亚历山大宣言》中，信息素养和终身学习就被称为信息社会的灯塔，照亮了通向发展、繁荣和自由之路。信息素养教育是培养和提高学生信息获取和利用能力的有效途径，它可以提高学生的终身学习能力和基本生存技能，直接影响到社会的发展和进步。尤其是"互联网+"时代，在泛在开放、日益复杂的信息环境下，知识更新的周期缩短，知识老化、失效的速度不断加快，终身学习能力成为每个人必备的能力，所以每个人都需要不断提高信息素养。各高校应积极提升信息素养教育的地位，加大课程学时学分比重，在师资队伍建设、技术力量、教学设施、教学立项、经费资助等方面对信息素养课程给予政策倾斜。

2.建立统一的监督管理机制

由于没有建立统一的教学监督管理机制，也没有统一的评估标准，信息素养教育在各高校没有规范的教学体系，开课形式不一，发展不平衡，教学目标无法满足用户需求。建立统一的教学监督管理机制是规范信息素养教育、促进信息素养教育取得良好教学效果的关键。建立统一的监督管理机制，可以统一规划培养目标，制定统一的评价标准，使教学内容、教学方法、考核标准、课时分配等各方面"有法可依"。

3.拓展教学内容

《高等教育信息素养框架》中称信息素养是一套综合能力，包含思考、发现、理解信息如何产生、如何实现价值，并用信息创造新知识，还包括参与信息活动的道德。可见，传统的信息检索内容已不能满足新信息环境下用户的需求，信息素养教育必须在原有内容的基础上进一步拓展教学内容。

信息环境的动态性、交互性决定了注重信息交流的过程，学生应以积极和开放的态度参与学术活动中的各种交流与会话。所以，信息素养教育要注重培养学生的学术信息能力，使学生能够借助现代信息工具获取、评价、使用学术信息，并能够利用信息创造新知识，参与个性化、专业化的学术活动。在信息素养教育课程中，应增加信息评价、信息分析、信息交流、科研素养、信息意识等部分的比重；把理念教育作为重要内容，帮助学生理解、掌握信息生态系统、元素养、元认知、信息意识、信息道德等概念。

拓展教学内容需要加强教学资源建设。图书馆可以与视频网站跨界融合，建立教学视频案例库，还可以通过整合视频网站的免费内容丰富自身的数字馆藏，加强图书馆与视频网站之间的连接。教育主管部门、图工委等相关部门应统筹规划，促进各图书馆之间的交流合作，共同建设开放的信息素养教育教学资源，通过跨校、跨地区的融合，实现资源共建共享。

4.创新教学形式

信息素养教育应该根据受教育对象的不同采用分层次、多元化的教学方式。针对高校图书馆主要教学对象是在校学生，教学过程中可以结合学生年级、专业等采用不同教学形式。

对于大一新生，要先进行入馆教育。在国外，小学生、中学生普遍会利用图书馆解决学习中的各种问题。但国内小学基本没有图书馆，中学建有图书馆的也很少，而且多是为应对各种评估、检查而设，并没有为读者所用。所以，入馆教育成为大学阶段信息素养教育的首要内容。入馆教育的内容主要是图书馆利用的最基本的知识，如馆藏类型、布局、提供的服务、借阅规则等。入馆教育除了传统的参观讲解外，还可以采用拍摄视频、电子屏幕滚动培训等方式，使学生建立利用图书馆的意识，掌握图书馆利用的基本方法。

对于大二学生，可以通过微课、微视频、慕课、翻转课堂等多种形式开设文献检索课，全面、系统地强化学生的信息意识、信息知识、信息能力和信息道德。

对于大三学生，结合专业课程设计，采用嵌入式教学方式，重点讲授信息利用知识，培养信息的筛选、分析、评价和利用能力。

对大四学生，可以以专业或专题为主题进行各种专题培训，帮助学生顺利完成毕业论文或毕业设计。

研究生的信息素养教育，重点应放在培养利用信息创造新知识并合理参与学习团体、学术活动、学术交流的综合能力。采用融入课题组的学术研讨，帮助研究生在确定研究课题、立项、开题、研究或实验、论文撰写及投稿发表等学术活动的全过程中有效提高研究能力。

总之，信息素养教育应与学生的专业课学习及创新创业等课外活动相结合，充分利用各种先进技术手段，采用多种形式混合教学，由单一的教师灌输、学生接受式学习向师生合作共同创新的学习方式转变。

5.加强师资培训

师资力量是课程的主导和核心。想要提高教学效果必须有一支强大的师资队伍。信息素养教育是一门综合性很强的学科，涉及很多学科领域的知识。在信息瞬息万变、信息技术更新频繁的时代，信息素养教育者要不断学习，更新自己的知识结构，强化创新意识，提高自身的信息素养，除了图书情报、教育学、心理学知识，还应具备云信息、云计算、大数据和数据挖掘技术等现代信息技术，提高信息化教学能力。高校要定期通过专业进修、学术交流、专题培训和攻读学位等方式为相关教师提供个人素质提高的机会，教师自身也要充分利用网络平台等多种渠道加强学习，及时调整、优化和更新知识结构。

高校图书馆应积极争取各方面的支持，凝聚多方力量，建立综合型师资团队，共同推进信息素养教育的发展。加强专业教师和图书馆馆员之间的跨领域合作，图书情报专业、计算机专业、信息管理专业、心理学专业及其他学科的专业教师、图书馆馆员、实验人员、科研人员和管理人员等都应充实到教学团队中，共同探讨信息素养教育的教学内容，根据各自的专业背景，共同参与教学设计，实现教学管理部门、图书馆、信息素养教师、相关专业教师等多方面的融合。

当前，"互联网+"理念已经全面融入社会的发展进程，图书馆在"互联网+"理念的影响下不断改变着传统的服务模式，基于此，信息素养教育也迎来了新的机遇和挑战。"互联网+"时代，信息技术、信息环境等因素不断变化，信息素养不断地被赋予新的内容，教育部门、高等院校和图书馆应深入探索并实践出符合我国高校信息素养教育的实施方案，建立适应瞬息万变的信息环境的信息素养教育模式，积极推进信息素养教育工作，不断提高教学效果，提升教育质量。

三、全媒体时代下高校图书馆信息素养教育模式

随着科学技术和网络技术的不断发展，全媒体时代正在悄然而至，也正

在逐步改变着我们的生活，当下的高校图书馆不可避免地受到了影响。高校图书馆信息素养教育的职能也随时代的变化有了新的内涵：教育的内容更加专业，教育的方式更加具有互动性，教育的媒介更加信息化。本节探讨了全媒体时代给高校图书馆信息素养教育带来的一系列变化，并借鉴国外的一些成功经验，为我国高校图书馆信息素养教育模式的发展带来了一定的途径，具有一定的现实意义。

随着信息技术和网络技术的不断发展，一个全新的媒体时代已经诞生。所谓全媒体就是集合了文字、声音、光、电等多种表现形式，对传播内容进行全面显示，同时又融合了手机、广播、电视、杂志等不同的媒介方式，从而产生出一种全新的信息传播渠道。全媒体时代影响了各行各业，对于高校图书馆的信息素养技术也产生了影响，给高校图书馆的信息素养教育带来了新的机遇。在全媒体时代，信息素养教育有了新的发展方向，在充分融入媒介优势的背景下，可以让信息素养教育向更专业、综合性更强的方向发展，帮助培养和提升学生的信息素质。

（一）全媒体时代给高校图书馆信息素养教育带来的新变化

1.教学双方的互动性进一步增强

传统的信息素养技术在形式上表现得比较陈旧，高校图书馆的工作人员在教学模式上多选择填鸭式的教学，单方面将信息素养的相关知识传授给学生，可以说比较生硬。而对于学生来说，不能理解信息素养教育的作用和内涵，教学效果不显著，等到实际运用的时候，学生也不会运用。而全媒体时代的到来，使师生之间的沟通模式发生了变化，采用各种媒体作为渠道，教育者和受教者之间的教学模式发生了调整，教学效果显著提升。

2.有针对性地突出了教育

在全媒体时代，高校图书馆的信息素养教育在教学媒体上也不再单一，表现出了多样化，受教者的学习需求和个人信息会被充分分析，并被教育者分类，针对相同的信息素养知识，可以通过声音、视频、文字、图片等媒体充分表现出来，而对于个性化的信息素养知识，则根据个人的需求不同而选择相应的教学模式，具有一定的针对性。

3.教学空间更加宽泛

传统的信息素养教育空间具有一定的局限性，受教双方都处于被动接受和主动传授的环节。而在全媒体时代，通过借助和依靠各种多媒体技术，信息素养知识打破了时间和空间的限制，可以在任意时间、任意地点以任意方式传授给受教者，受教者能够随时接收并不断学习。

4.教育体现了一定的时代性

全媒体时代的发展充分体现了信息技术的发展，信息素养的教育体现了一定的时代性，教育媒介也不再是过去单一的纸本资料，而是将互联网、视频、声频等多媒体媒介不断引入其中，体现了一定的时代性。

（二）国内外信息素养教育模式

过去在使用信息素质教育媒介的过程中，图书馆馆员在传授学生相关知识时，普遍采用文献检索课程的方式，比较单一和枯燥，激发不了学生的学习兴趣，因此，对大学生来说，通过学习和掌握检索技能来不断实现自身专业知识的提升，比较难做到。而近年来，随着信息素养教育的全方位、多角度的改革，全新的教学模式不断引入其中，特别是全媒体环境下的信息素养教学，将专业课程和传统的文献信息检索课程两者结合起来进行教学，收到了较好的效果。全媒体时代下的信息素养教学主体实际上是学生读者，而这种教学模式的教学助手实际上是图书馆馆员，他们能够根据学生读者的实际需求，将专业课程教学内容和信息检索技能、信息道德、信息意识等相关技能和知识融合起来，进而形成新的教学模式。而这种全新的教学模式对图书馆馆员提出了新的要求，在通力协助专业课教师的同时，让学生不断掌握信息素养能力，学生的信息素养技术得到了提升，也在一定程度上提高了科研创新能力和自主学习能力。因此，全媒体时代背景下的信息素养教学模式不再受时间和空间的限制，给学生提供了比较优越的教学服务，具有一定的教学优势。

一些国外的学者研究发现，信息素养学科知识的教育不是孤立的，而是与多个学科交织组成的，在学习的过程中信息素养教育的能力培养也是关键部分。美国大学与研究图书馆协会（ACRL）发布的《高等教育信息素养框架》（以下简称《框架》）中提出，信息素养涉及对信息的反思和回顾、对当前信息的评估和建议、对信息开拓和创新的基本能力。《框架》中明确指出，学生在求学的整个发展阶段都应该注重信息素养的培育，并通过信息素养来提高个人的认知水平，促进个人和社会的和谐发展。《框架》有两个板块，即检索研究、科学研究两部分。一方面，强调信息检测和信息科研都具有非线性的特征，并非一成不变，在这个过程中，不断地发现问题，解决问题，使学生的信息素养能力不断发展；另一方面，引导学生通过合理规划和咨询专家学者的方式来全面提升个人的信息素养，在不断调整和完善的过程中培养自己的信息能力。而对于国外高校来说，进行信息素养教育主要分为四个部分：课外、课内、课中、独立课教学。其中，课中、课外和独立课教学和我们以往的文献检索课程比较相似，就是图书馆能够帮助学生完成专业课作业和文献检索课程。而课内教学就是我们前面描述的全媒体时代下的信息素养教学，就是将专业课学习和信息素养教学融合起来，在专业课学习的各个环节都可以体现出信息素养教学的内容。

（三）全媒体时代背景下的信息素养教育模式的探析

1.在教学的各个环节中体现信息素养教育

教学的各个环节都要体现信息素养教育。对于学生来说，他们存在一定的个体差异性，因此不同的学生具备的信息素养也是不同的。在实际教学过程中，教师应根据学生的实际情况和教学需求，对学生采取分段教学的方式，要以学生的需求作为主体需求，先进行初级理论的传授，逐步向检索能力和检索信息处理方面发展，让学生能够掌握快速检索和处理相关信息的技能，达到提高学生的信息素养的主要目的。

2.实现信息素养教育引入虚拟空间的教学模式

随着网络技术和信息技术的不断发展，人们获取信息的渠道和方式也在发生着变化，而对于大学生而言，采用比较便捷的数据库和互联网技术是较常见的一种方式。将教学内容引入到虚拟空间中，这就需要图书馆馆员和专业课教师共同搭建相关专业网站，通过网络技术，实现学生和教师一对一的教学。而对于比较专业的相关信息检索和信息处理知识，可以指定专人进行深入讲解。在全媒体时代，智能手机的普及可以很好地为师生服务，手机阅读已经成为大学校园重要的阅读形式，借助手机，可以随时随地获取自己所需要的信息。与此同时，学生之间也能够利用通信工具探讨某一问题并发表评论，进而实现沟通。

3.学科教师彼此之间协作实现信息素养教学

对于高校而言，现阶段信息素养教育主导者为高校图书馆馆员，教学模式主要为文献检索课程，培养学生信息素养能力的效果相对不显著，而对于全媒体时代背景下的教学模式来说，教学效果有所改善，因此，在实际教学过程中，倡导引入多媒体和互联网等技术。对于全媒体时代下的信息素养教学模式来说，其教学效果如何很大程度上取决于学科教师，图书馆馆员与专业课的教学要结合起来，并能够积极配合专业课教师进行教学内容和形式的制定，在教学课程的设计和评价中都起到一定的作用，这就需要学校各个部门之间能够通力合作。但是对于全媒体时代背景下的信息素养教学模式来说，其也存在一定的难题，就是各个部门之间要彼此平衡协调，专业课教师要能够积极配合进来，同时图书馆馆员也要积极参与进来，通过在传授专业课程的同时，将信息素养的评价、检索、信息处理技术融入到专业课课程中，帮助学生实现知识框架的构建。因此，对于学生信息素养的能力培养，不再是图书馆馆员的责任，而是各个学科不可或缺的一部分。专业课教师和图书馆馆员之间除了要相互合作外，专业课教师还要积极参与图书馆组织的相关信息素养培训，加大与图书馆馆员的交流和沟通。相对地，对图书馆馆员来说，也要通过专业课程的学习来提高自身的专业知识，通过学科之间的协作交流学习，实现信息素养教学模式的改革。

4.需要图书馆馆员的积极配合参与

图书馆是高校的教学辅助部门，对于图书馆馆员来说，其地位及受重视程度都相对较低，图书馆馆员的积极性因此受到影响。而为了进一步实施改革后的教学模式，就需要图书馆馆员的高度配合，也就是说图书馆馆员不能局限于过去的业务范围，而是要提高其积极性和互动性，能够主动从事相关技术创新、服务创新和学术活动；同时图书馆馆员还要积极学习专业课程，并且帮助学科教师制定教学内容和计划，进而实现在专业课教学过程中将信息素养内容渗透其中的目的。

5.将信息素养教育共享化

随着时代的发展,很多高校图书馆的资源都实现了信息共享。首先,信息共享能够帮助图书馆获得可观的盈利收入;其次,也能够实现学校资源的合理配置。全媒体语境下,信息的发布方式多种多样,相同的资源类别也可以采取不同策略传递给受众,进一步加强了读者之间的交流和联系,实现了信息的共享。在共享环境下,图书馆馆员可以根据整合数据资源,了解学生的真实需求,在完善在线教学系统时可以考虑到学生的需求,真正做到人性化设计。此外,也要将社会资源积极地吸收到图书馆内,在共享图书馆的信息资源时,积极学习和借鉴其他先进手段,全面推进信息资源的共享,提高学生的信息素养。

全媒体时代的到来,将信息技术不断融合到信息素养教育中,有助于增强师生之间的互动,使教学模式变得多样化。将全媒体时代背景下的教学模式引入到高校图书馆信息素养教育中,具有一定的可行性,同时收到了较好的教学效果。对于学生而言,在学习专业知识的同时就能培养信息素养能力,在掌握信息素养知识的同时能够让学生更好、更快地学习到专业知识,二者之间是相辅相成的关系。综上所述,高校需要充分调动图书馆馆员的积极性,不断挖掘其潜力,便于实施全新的信息素养教育模式。

四、以读者为中心的嵌入式高校信息素养教育模式

随着计算机网络的快速发展,知识经济成为这个时代最显著的特征,而人的创新技能则是推动社会发展的源泉。信息素养包括信息意识、信息知识、信息能力、信息道德四个方面,成为现代大学生掌握学术前沿、创新发展的基本技能。为此,信息素养教育也成为实现高校素质教育目标的重要内容。

（一）嵌入式信息素养教学概述

传统的信息素养教育模式是以图书馆检索为中心的文献检索课形式，教学内容相对枯燥单一，教学形式落后，使得许多大学生对文献检索课的学习兴趣不高，不能予以足够的重视，这对大学生提高专业知识学习中所需的信息检索基本技能产生了很大影响。为此，近年来高校信息素养教育中引入了多种新的教学方法，其中"嵌入式信息素养教学"把文献检索课程引入专业课程学习之中，取得了较好的效果。

嵌入式信息素养教学，是以学生读者的需求为主体，将图书馆馆员作为教学助手嵌入到课堂或网络教学平台，使信息素养与专业课程结合起来，把信息检索技能、信息意识和信息道德融入专业课堂教学内容的教学模式；是通过与专业教师的协作使学生掌握专业课程的基本知识，提高学生的信息素养，提高学生的自学能力和科研创新能力的信息素养教学。嵌入式信息素养教学打破了时间、空间上的局限，为学生提供更有深度的教学服务。

国外有些学者称嵌入式信息素养教学为"与学科的整合式教学""信息素养与专业课的渗透式教学"等。在国外高校图书馆中，以读者为中心的嵌入式信息素养教学已经开展多年，例如美国南犹他州大学商学院将信息素养教育看作学生掌握学术前沿的重要技能，该校制定了专业课教师与馆员合作开展信息素养教育的计划，并安排了详细的工作步骤与任务。在教师与馆员共同开展的信息素养教育中，馆员可以参加专业课教学会议，教师与馆员共同承担提高学生信息检索技能的任务。

（二）嵌入式信息素养教育模式

信息素养是一个逐渐加强和不断巩固、完善的过程，贯穿于大学生学习的始终。不同年级、不同学历背景的大学生由于认知能力、学习能力不同，学习和科研的需求不同，其所具备的信息素养也存在着很大差异。如本科生、硕士生、博士生由于对文献信息的需求层次不同，信息素养教育相应地体现出层次性和阶段性。因此，高校应根据不同年级对信息素养的不同要求进行分阶段、连续性的信息素养教育。以学生为学习主体，信息素养教育嵌入的内容由初级理论知识的讲授转变为如何快速获取和处理所需文献信息的实践活动，在这个过程中，以学生信息素养的提高和养成为目的，将信息素养教育的各个阶段和层次与大学生专业学习的不同阶段相结合，有计划地开展信息素养教育。

初级培养阶段。对于刚入学的新生，主要针对新生的兴趣进行培养，开设普及性信息素养教育课程。图书馆开展新生入学教育、专题讲座、图书馆网站介绍和参考咨询，以图书馆资源检索和利用为主题的信息素养教育。对新生主要进行信息基础知识和信息利用基本技能的教育，嵌入利用图书馆的方法和技能。也可以让新生直接进入图书馆内，更直观地了解图书馆的资源与服务、图书馆的藏书布局、借阅流程以及相关规章制度，近距离感受图书馆。据了解，许多国内高校图书馆都将新生入学作为新生信息素养教育的重要契机，利用参观、培训、讲座等形式让新生了解图书馆，提高大学生获取文献信息及应用的能力，让信息素养教育逐渐融入到学生的日常生活中。

中级教育阶段。针对大二、大三的学生，要将图书馆资源的利用及文献检索课程嵌入到专业课授课的各个教学环节中。在这个过程中，其基本要求是既要教授专业学科内容，又要培养成功完成与图书馆有关作业的能力，而且对两方面的学习结果都要进行测试。对学生的专业课程内容设计相应的信息检索策略，提供具体的检索实现途径，帮助学生在计算机上完成实习，针对学生在检索实习中遇到的问题开展咨询解答。由课堂引导型教学为主逐步过渡到合作探究学习和实践为主的自主型教学，在实现专业课教学目标的同时，培养学生完成课程所需的信息素养能力，掌握学术文献信息检索方法，提高快速检索专业学术文献的技能，为更好地学习专业课程奠定必要的基础。同时结合各院系对不同专业数据库的需求及研究学习的特点，选派馆员直接到院系开展普及培训、书目推荐、数据库宣传等工作。

高级培训阶段。针对大学四年级和硕士、博士研究生阶段的学生，这个阶段强调信息意识和信息分析利用能力、创新能力的培养。特别是硕士生和博士生，他们既是学生同时又是研究者，对他们进行基于学科的应用专业信息素质教育是十分必要的。课程内容涉及多领域知识共同构成的多元融合的课程体系。

嵌入学生的学科专业学习，具体做法是与学科专业教师协作开展整合式教学，介绍与专业学科相关的数据库检索方法技巧，注重西文数据库的培训，跟踪专业最新信息，培养学生综合利用网络文献信息资源获取所需的国内外专业文献信息的能力，重点培养学生的科研能力和创新意识，撰写学术论文、学位论文，提高学生的科研水平。

嵌入网上虚拟空间的信息素养教育模式。随着信息技术的快速发展，网络改变了人们的生活方式，也改变了人们获取文献信息的渠道。通过互联网、各种专业数据库获得学术信息，受到越来越多当代大学生的欢迎。在嵌入教学环节开展信息素养教育的同时，在线信息素养教育已经成为信息素养教育的重要形式。我们要以学生需求为中心，对不同层次的学生，以解决学生信息问题为归宿，由浅入深，打破教学中的时间和空间限制，让信息服务成为学生手边即时可用的服务。

将信息素养教育嵌入大学生用户虚拟空间，搭建虚拟社区；通过与专业课教师共同建立专业课网站的方式提供课程指导，利用网络开展与学生需求相对应的服务。针对某一特定学科学生提供具有一定深度的关于某个领域进行检索和利用信息的内容，提供基于不同阶段、不同层次的知识单元服务，以方便学生利用。

利用现代化通信工具，嵌入读者的信息环境，进行快捷沟通。例如利用电子邮件、电话、MSN、QQ，打造互动空间，提供信息检索知识，让读者在封闭的环境里直接获得信息服务。利用专业学科博客建立学科资源介绍、服务介绍、最新消息等网页，让读者进行评论和反馈，建立与读者的交流互动平台，进行实时咨询。

通过嵌入读者的常用软件和常用网站，增强信息服务的可发现性和易用性。图书馆浏览工具条、RSS 等流行软件、Blackboard 等网上教学软件，能够提供检索工具、文献信息咨询等图书馆服务，从而使学生在工作、学习、聊天的同时，不用访问图书馆即可方便地与馆员交流信息检索方法，方便学生自学相关内容。

建立专业网站。建立相关学科专业网站，从专业角度科学地揭示资源，提供信息咨询、文献传递、信息查询等一站式信息服务，包括数字技术和信息素养，互联网基本概念、服务内容，网络浏览器软件及怎样使用搜索引擎，检索实习，等等。

在美国密歇根州立大学，专业教师与图书馆馆员合作建立了教学指导网站，包括图书馆资源、虚拟大学课程指导及信息素养教育的课程材料，共同开展信息素养教育。在北卡罗来纳州立大学图书馆，通过网站提供包括图书馆合法的专业课电子资源和教学材料，极大地方便了专业教师与大学生的利用，取得了较好的效果。

第五章 高校信息素养教育创新研究

第一节 高校信息素养教育联合创新

基于开放课程资源的丰富性、实用性和开放性以及大学生自主建构学习的趋向性等大环境，鉴于教育职能部门职责等，笔者提出由图书馆、各院系、研究生院等多方参与，共同构建集"助学+自学+导学"功能于一身的"五位一体"信息素养教育模式，并就该模式的框架、内容、实施基础与初试成效、存在问题等进行分析、研究，以期通过发挥各职能部门的作用，丰富教育方式和学生学习模式，助力实现学生自主学习，并将实体课堂上的理论传授向创新应用引导的教育内容深化转变，弥补传统教育模式存在的不足。

信息是一种重要的资源、机遇和资本，也是智慧的源泉。信息素养是信息时代每个人的必备素养，与每个人的生活、学习、工作与研究息息相关，对于高校师生的教学、科研与学习的重要性更是不言而喻。然而，对于信息素养教育来说，现有的教学方式和相关信息素养的知识内容较陈旧，其教学覆盖面和时间也有限，致使信息素养教学效率低下、教学成效不明显。为了更好地推动当前教育教学信息化程度，提高信息素养教育的全面性与有效性，本节针对当代大学生个性化自主、自由学习的特点，结合信息素养教育资源的丰富性、实用性和开放性特征，提出了由图书馆、各院系、各职能部门（含研究生院、教务处、学生处、校团委、网络中心等）共同参与构建"五位一体"信息素养教育模式的设想。在这一模式下，高校大学生通过"网络课程资源平台+自主建构学习+翻转课堂+课堂引领+课外拓展与巩固"的集约方式，达成"助学+自学+导学"之目的，推动自身的信息素养的提升。

一、"五位一体"信息素养教育模式构建框架

鉴于图书馆拥有庞大的信息资源、强大的师资和设备，以及图书馆馆员拥有丰富的文献资源检索与利用经验和心得，在信息的检索与获取方面占据明显优势；各院系的学科教师专业性强，对专业型学科信息的分析评价与创新利用的敏感度高，在学科主题的信息素养教育中起到了重要的引领作用。因此，图书馆和各院系应积极承担高校信息素养教育的主体责任。此外，研究生院、教务处、学生处、校团委等作为研究生、本科生的培养单位和管理单位，对学生的培养和管理具有重要的职能作用，其中，研究生院、教务处等更是教学计划的制定者、教学运行的组织者、教学质量管理与评价的主导者，理应参与到信息素养教育工作中，共同承担起提高学生信息素养的职责和任务。目前，要实现多层次、多形式、全方位地推进信息素养教育成效，科学、有效的举措之一就是将高校图书馆、各院系、研究生院、教务处、学生处、校团委、网络中心等相关部门聚集在一起，形成"助学+自学+导学"功能于一身的"网络课程资源平台+自主建构学习+翻转课堂+课堂引领+课

外拓展与巩固”的“五位一体”教育模式。

二、“五位一体”信息素养教育模式运行目标及内容

（一）构建优质课程资源共享平台，助力师生建构自主学习系统

构建网络信息素养课程资源共享平台，是为师生“先学”提供前提和途径，供师生随时随地线上、线下学习相关基础性、理论性知识，建构自主知识体系（此为“三学”中的“助学”部分）。优质、实用的资源平台应具备形象、灵活、直观的特点，其必不可少的模块应包括学习提纲或指南、课程资源模块、习题库、案例库等。

在信息素养资源共享平台构建方面，可按生活型、娱乐型、工作与学习型以及学术研究型等用途来搭建信息素养资源库。其中，学术研究型信息素养资源库中的基础性必备知识点包括文献信息的类型及其特点、文献信息的检索路径及方法、常用的逻辑检索关系、各类检索工具及其管理和使用方法等，拓展内容包括 NoteExpress、文献之星、Endnote、Mendeley 等国内外知名文献管理软件及其利用；HistCite、RefViz、OmniViz、TDA、CiteSpace 等文献信息分析软件及其利用；各学科专业文献信息资源的特点、分布与利用；课题的中外文献资料的查全查准使用技巧；利用图书馆资源开展论文写作、项目申报等；文献信息资源综合利用。除此以外，还可以利用网络上有关国内外信息素养教育类开放资源，主要有 MOOC、视频公开课、共享课、微课、数据库或平台推出的在线培训讲堂、数据库自带的音视频讲座或教程以及各高校图书馆在网页上公开的课件等。对于已涌现出的大量优质信息素养开放课程，经加工整合的课程资源可以通过慕课、微课、视频公开课、共享课等网络公开课以及网络视频、音频、在线大讲堂、PPT、Word 文档

等形式在平台上加以推送。

（二）发挥各部门的主导引领作用，增加师生自主学习的自觉性

平台建设的目的在于为师生建构完整的自主学习系统提供途径和帮助。学生可以根据个人兴趣或需要，有选择性地利用共享的课程资源在线自主学习、习题练习、实践操作，线下自主学习或寻求指导，继而实现消化、吸收、应用等终极目标（此为"三学"中的"自学"部分）。然而，在平台使用中，鉴于学习目标不明确学习毅力不坚定、学习指导不到位等原因，大部分学生在使用平台进行自主学习时还存在不少问题，如自主学习意识和愿望不强、学习缺乏方法、学习过程中对自身的监控和管理能力较弱等。要使平台得到充分、合理的利用，除了加强信息素养课程资源平台的质量建设，提高其实用性和针对性外，研究生院、教务处、学生处等学校相关职能部门和院系还需要发挥主导作用，一方面，要通过宣传、告知等常规传播手段让师生知悉平台、使用平台；另一方面，在推广使用上，还可以与学分制、课程必修制、评奖制等联系起来，出台一些激励、引导、强制要求等政策或措施，从而更好地推进平台的使用。

通过对已搭建的信息素养课程资源平台进行推广与应用，以及自主学习的引领，在学生建构自主学习系统方面要实现以下目标：①学生可直接通过在线自主学习来获取和掌握通识性、基础性信息素养知识和技能；②学生在线上自学、自查的同时，可通过线下寻求课堂指导或教师、同学、导师的交流指导等翻转课堂的形式来获取和培养有关创新性、应用性信息素养技能；③对于功底好、自学能力强或求学欲望强的学生来说，则可全程通过在线自主学习来获取知识和技能；④对于从事信息素养教学的教师来说，则可从烦琐、重复的备课和通识性、基础性知识传授等工作中解脱出来，将更

多的精力投入到创新型、应用型信息素养教学或其他科研工作中去。

（三）加强翻转课堂互动教学，进一步深化信息素养知识学习

翻转课堂对以网络视频资源教学为主的课程而言是一个非常好的补充，在"助学+自学+导学"中起着深化学习的重要作用。对于实操性强、专业技能要求高、课堂学时短的信息素养教育来说，翻转课堂是不二之选，将在很大程度上取代传统的面对面的反复性的基础性和理论性知识的教学，成为图书馆信息素养教育和各院系教师们首选的网络辅助教学或补充教学方式（此为"三学"中的"导学"部分）。翻转课堂的作用主要是帮助那些仍存在一些尚未完全掌握的信息素养内容、疑难点或有意进一步深化学习与创新应用的学生，其教学内容和任务主要在于答疑解惑，提高学生的课堂参与度，引导学生创新应用所学知识。鉴于信息素养教育具有跨学科、跨专业的特点，对担负翻转课堂教学的教师会提出更高的要求。这一教学任务须由图书馆馆员、学科专业性强的院系教师、研究学者共同协助完成。在学习过程中，翻转课堂应是心灵相约的场域，是质疑问难的场所，是通过对话探求真理的地方，在与学生的互动中，教师要能根据课程内容和学习交际，合理谋划、精心组织、适时施引，从而真正使学生内化技能，创生知识。

（四）合力筑造课外实践平台，不断巩固与拓展信息素养能力

信息素养教育是一门实用性、操作性很强的课程教育，其基础性、理论性知识是必备技能，创新应用是终极目标。学生只有通过不断地实践、巩固和拓展所学知识，学思结合、学做结合、学以致用，才能在提升信息技能的过程中，将所学的知识真正转化为自身所拥有的知识，并有所创新。为此，"五位一体"中的各主体单位需要联合举办相关的具有针对性和有效性的课外实践活动，诸如信息资源知识竞赛、信息技能竞赛、信息资源应用案例

展示、项目实践研究等，这些活动既可以依托校园读书节、文化节、科技节、资源与服务宣传月、信息服务月等开展，也可以单独组织举办，让课外实践活动成为促进学生信息素养提升的重要载体（此为"三学"中的"导学"部分）。在活动中，教师不仅要大力调动学生信息技能自我提升的自觉性和主动性，而且要增强学生的参与感，主动为学生提供展示专业技能的经验分享平台，促进交流与学习，实现共同进步的推动作用。

三、与"五位一体"信息素养教育模式相关的实践

网络开放课程，尤其是慕课，因其优质、便捷、开放、实用等特点，备受教学工作者、信息服务者等的关注和重视。除了已有的国内外主要信息素养开放课程的成功建设与开放共享外，还有与本节相关且有代表性的研究和实践，已初见成效。

在慕课等开放课程资源的整合、宣传推广与服务方面，清华大学、武汉大学、中国科学技术大学、吉林大学、华南理工大学等高校已在各自图书馆官网上对相关开放课程资源进行了导航推介。以笔者所在单位为例，已有团队基于广东省教改和校教改重点项目，开展了"利用 MOOC 资源构建大学生自主学习平台的研究与实践探索"课题研究，内容包括大学生自主学习平台功能需求、功能框架组成、关键技术等在内的平台管理与服务系统的开发与设计。目前"MOOC 资源整合服务平台"已搭建完成，并在图书馆新版网站上发布。平台收集了华南农业大学公选课的相关 MOOC 课程资源，包括 18 个学科和 22 个学院类别。除此以外，为了让全校师生更加便捷地自我评测，全面了解自身的信息素养和能力水平，发现信息能力方面的弱项和问题，从而进行有针对性的学习，有效提升自身信息能力，北京大学图书馆

也已在其官网"提升信息素养"栏目上开设了"信息素养能力评测"平台。

上述这些实践案例为信息素养课程资源的整合和平台的搭建提供了经验和技术借鉴，至于慕课与翻转课堂相结合的混合教学模式的教学改革研究成果也为我们提供了充分的可行性探索，如 MOOC 在医学文献检索课程教学改革中的应用、基于"慕课+翻转课堂"航海学课程教学改革、MOOC环境下高校图书馆信息素养教育的探析与创新研究等。这些研究表明，MOOC 课堂与传统课堂相结合的线上线下互动、实体虚拟互补的混合式复合型教学模式，对于信息素养教育起到了事半功倍的作用，也为"五位一体"教育模式的实施提供了良好的理论基础与实践指导。

四、"五位一体"教育模式运行中有待注意的问题

要想使"五位一体"教育模式得以推广且被持久地应用并取得实效，其中的一些关键难题和环节还需要注意和完善。

针对课程资源平台的开发与建设，须重点解决或突破以下难题：①平台资源内容须具有全面性和针对性，且与大学生自主学习需求相匹配；②全面准确地收集、匹配并共享相关信息素养资源，着力解决信息素养基础性和理论性知识点繁多，而开放课程资源分布零散、无序等问题；③妥善处理好慕课、微课、视频公开课、共享课等课程资源的版权使用问题，从而更好地为师生提供一个健康的使用环境和学习环境；④加强对课程资源的更新、维护和管理，做好平台的"建、管、用"工作。

针对翻转课堂引领，要注重协助和引导学生对"先学"知识和内容的内化、思考与创新利用。为了更好地解答学生的疑问和困惑，参与信息素养教育的图书馆馆员、专业教师或导师等具体执行者和教育者不仅需要提高其

灵活应变能力，还需要不断提升和完善自身的专业素养储备、信息素养储备。除此以外，要使翻转课堂取得良好效果，首先还需要注意提高学生与人交流的技巧和语言表达能力，使学生更清楚地表达自己的看法或更想解决其他同学的问题；其次需要注重课前课后检测，注重题目难易程度，给各个阶段的学生不同的学习目标，以使学生保持学习的热情。

针对信息素养的拓展教育活动，须强调学以致用，注重知识拓展，不能流于形式。活动主题和内容须立足于教学目标和内容，并对其进行有效延伸，使学生将在自主学习、翻转课堂学习中尚未完全掌握的内容、存在的重难点，延伸到课外活动中并进行巩固提升。

此外，"五位一体"模式中所涉及的各职能部门须通力合作、密切配合，做出积极的贡献，尤其是研究生院、教务处等职能部门，应做好学生自主学习的管理与引导工作，调动学生使用平台、参与课外拓展活动的积极性等。

随着网络技术的发展，在国内外信息素养类开放课程资源的丰富性、实用性以及大学生建构自主学习系统的趋向性等大环境影响之下，信息素养教育改革势在必行。"五位一体"的"三学"多元化信息素养教育模式的构建，就在于充分发挥高校各主体部门的职责，以图书馆馆员和各院系专业教师为教育主体，以研究生院、教务处、学生处、校团委等职能部门为保障，多方合作以形成分层次、分阶段、多形式的信息素养教育生态环境。在这一环境下，以创新应用为目标，围绕 MOOC 等优质开放课程平台、实用有效的翻转课堂教学等资源构建自主学习系统，并以课外活动和实践为手段不断巩固和拓展信息素养的知识与技能。只有这样，高校的信息素养教育才能得到全面、高效的提升。

第二节 高校图书馆信息素养教育 O2O 创新

信息素养教育起源于信息产业，是一门与时代发展息息相关的学科，现已成为全球发展的优先项目。高校的信息素养教育以高校图书馆为执行工作的主要机构，在各国均处于领先地位，其发展引领着整个信息素养教育体系。对高校图书馆在互联网时代的信息素养教育创新进行梳理，有助于引领相关机构紧跟时代步伐，推动我国信息素养教育的整体发展。

随着信息技术的迅速发展、智能终端的日趋普及，互联网已深入到人们生活、工作、学习的方方面面。线上线下资源整合，为人们打开了前所未有的便捷通道，在此基础上，O2O 模式应运而生。李克强总理早在第十二届全国人民代表大会第三次会议的政府工作报告中就提出了"制定'互联网+'行动计划"，明确了互联网资源开发对我国发展建设的重要意义。会后《关于积极推进"互联网+"行动的指导意见》的推行，掀起了各个领域引入线上元素的热潮。高校图书馆的学者们也注意到了互联网的应用潜力，并已在探索信息素养教育 O2O 创新服务模式的道路上大步迈进。

一、高校图书馆信息素养教育

高校图书馆信息素养教育又被称为信息素质教育，译自 information literacy education，由用户教育演变而来。早在 19 世纪，随着馆藏资源的不断丰富，图书馆就成为社会上储存知识最密集的机构；图书馆馆员开始通过开设诸如目录学的课程以培养读者（包括潜在读者）利用文献的能力；用户教育成为图书馆在文献资源的开发利用方面及发挥教育职能方面所开展的一项重要工作。到了 20 世纪 40～50 年代，信息技术蓬勃发展，信息的增长速度大大加快，电子计算机等新型信息处理工具开始出现，社会朝着信息化方向发展。随着利用信息工具、正确处理信息的能力对人们的生活越来越重要，图书馆馆员意识到了传统的用户教育已无法适应社会需求，开始着手开展用户调查，探索有价值的教学内容。1974 年，美国信息产业协会主席 Paul Zurkowski 结合社会新形势提出了信息素养，这一全新的概念很快为人们所接受，其内涵随着社会的发展不断丰富、演变，成为信息时代人们适应社会的必备能力的代名词。从此，图书馆用户教育开始向信息素养教育演进，图书馆也由馆藏资源的管理机构转型为信息资源集聚地。

信息素养的内涵较宽泛，不仅有同一时代的不同学者从不同角度提出的多种看法，而且不断发展的时代也在赋予其新的内涵。2015 年 2 月，美国发布了《高等教育信息素养框架》，该框架是目前最新的对全球信息素养教育影响最大的文件。文件中专门指出该框架"是基于一个互相关联的核心概念的集合，可供灵活选择实施，而不是一套标准，或者是一些学习成果或既定技能的列举"，表明了该框架仅限于指导作用，而不是对信息素养教育的具体工作进行硬性规定，并在框架中借鉴了元素养的概念来描述信息素养在快速变化的生态系统中的动态内涵。

《高等教育信息素养框架》从权威的构建性与情境性、信息创建的过程性、信息的价值属性、探究式研究、对话式学术研究、战略探索式检索六个维度对信息素养教育的内容进行了整合，并从知识技能和行为方式两个方面为学习者提出了具体建议，显示出了信息素养教育的目标是培养学生能够在信息搜索、分析、利用、创造等各个环节中积极思考、勇于尝试、敢于质疑、正确交流、承担责任、做出贡献。

高校图书馆的使命。正如前文所言，尽管知识载体的形式已经发生了巨大变化，图书馆仍承担着作为知识宝库的历史使命，是人们查询信息、获取知识的主要渠道。此外，图书馆也承担着普及知识的社会使命，其教育职能随着时代发展不断更新，由传统的用户教育向信息素养教育成功转型。高校图书馆实施信息素养教育的主要对象为大学生，除此之外，还承担着辅助科学研究的任务，对国家科研水平与未来建设的重要性不言而喻。

笔者认为，高校图书馆在信息素养教育中承担的使命根据面向对象的不同发生着变化。对在校大学生而言，高校图书馆需要帮助他们学会充分利用图书馆的信息资源，并培养其独立使用信息解决问题的能力，因此高校图书馆普遍开展了新生入馆教育与各类专题培训、讲座，并设置了咨询馆员的岗位。对学校与教师而言，高校图书馆应积极与校领导、任课教师沟通交流，在教职工队伍中适时正确地普及信息素养教育的相关理念，同时了解学科需要，及时更新信息素养教育中专业内容的部分。对社会而言，高校图书馆应积极促进校企合作、了解社会需求，开拓学生实践平台，为宣传信息素养寻找时机或制造机会，促进全民重视信息素养，从而为普及信息素养教育、提高国民信息素养创造良好的社会氛围。

二、O2O 模式的引入与应用

Online To Offline（O2O）模式兴起于电子商务领域，Internet 和相关 Web 技术的发展为第三方网站的建立奠定了基础，消费者与商家借助网站平台拉近了距离，使得双方信息的沟通与交流更加便利。这种线上结合线下的服务模式在促进交易完成的同时收集了大量的消费与评价数据，为研究消费者行为、观察市场动向、提升用户体验提供了依据。

电子商务领域的实践证明了融合线上线下资源是互联网背景下行业发展的必经之路。随着"互联网+教育"理念的深入贯彻，我国高校图书馆与时俱进，在积极学习国外先进成熟经验的同时，结合国内现状思考实践、不断改进，实现了信息素养教育在互联网环境下的成功转型。高校图书馆通过借助移动应用、MOOC 课堂、在线信息素养教育平台等线上功能与资源的优势，不仅弥补了传统课堂教学存在的课时不足、欠缺交流、学生学习被动等问题，而且为学生提供了新颖灵活的学习方式，开创了线上线下优势互补、合作开展信息素养教育的新型混合式教学模式，使信息素养教育步入了O2O 时代。同时，信息素养教育工作者综合使用先进的教学理念与方法，向着提高大学生信息素养水平、辅助科研任务顺利进行、普及整个社会的信息素养教育、提升国民竞争力的伟大目标大步迈进。

信息共享空间。个人信息素养的提高离不开信息化的环境熏陶，营造传统物理空间与互联网相融合的前沿学习氛围对学生信息素养的进步有着潜移默化的影响。基于此，现在的高校图书馆在设施、资源、服务等方面均引入了线上元素，打造出图书馆的信息共享空间，实现了线上线下的对接。在基础设施方面，高校图书馆开辟了电子阅览室，专门为学生提供一定数量的可连接网络的电脑，使学生在图书馆期间不仅可以查阅书籍报刊，还可以应用电脑获取网络资源的信息化学习模式，并基本实现了无线网络的覆盖，方便学生使用私人电脑与移动终端。在资源方面，高校图书馆不仅通过线上平台收集了学生的书籍需求，及时购进书籍，满足学习需要，还对文本、图片、语音、影像等信息资源进行了收集、处理、加工，转化为数字资源并上传网络，方便学生使用；此外还成立了高校联盟，通过馆间资源传递、信息共享实现互补。在服务方面，高校图书馆开始为学生提供独立的讨论空间，为学生沟通交流提供便利条件，以培养学生创造信息、与人交换信息的能力。作为学生日常学习交流的主要场所，高校图书馆着眼于学生在馆期间的使用需求，引入网络设施与技术，使学生在图书馆期间能够密切接触到信息技术与知识，充分感受到信息化的魅力。

在线教育资源。传统信息素养教学形式仅限于面授，课程知识通过教师讲解、纸质教材、书写笔记传递和记录；引入线上平台后，许多高校图书馆收集、整理了信息素养课程相关的图文资料、多媒体资源，通过静态与动态网页结合的表现形式公布在网站上，供读者在线浏览与下载。这些资源有的源于本馆的实践积累，有的则来自馆外数据商。调查发现，现在我国 39 所985 高校的图书馆均已在首页读者服务的栏目下设置了与信息素养教育有关的链接，有的已明确在链接名称中使用了信息素养的字眼，如信息素养教育；还有的尽管仍使用用户教育、教学培训、帮助指南等名称，内容则与信息素养教育有关，如为读者提供信息素养教育类的讲座培训与活动比赛信息。在电脑与移动终端逐渐普及的今天，高校图书馆通过网站及时公布信息素养教育的相关信息，为读者获取信息提供了极大便利。无论读者是否前往图书馆，都能够掌握图书馆举办的各类讲座信息，再加上读者与身边同学沟通交流的口口相传，大大提高了宣传效率，进而提升了讲座的出席率，促进了信息素养知识的普及，实现了线上线下的完美结合。此外，线上教育资源的内容还包括图书馆的馆藏资源与服务介绍，数据库与网络信息的检索方法与技巧，知识产权保护、学术规范和学术道德，文献整理软件的使用，等等。线上资源的开发与应用，不仅丰富了学生获取信息素养知识的途径，使得学生学习信息素养的方式更加灵活，增强了学习的趣味性，还为学生提供了实践机会，使其在应用先进信息工具学习的过程中，自然而然地收获了信息知识，提升了信息意识与信息道德，且在解决问题的过程中培养了他们的信息技能，恰好使得信息素养教育的内容实现了理论与实践相结合、紧跟时代前沿的教学目标。

新型教学模式。信息素养课程是信息素养教育的主要途径。传统课堂需要学生到场听课，由教师将知识单方面传授给学生，存在着内容与学生需求不符、学生主动学习意识差、积极性不高及课堂出席率低等问题。高校图书馆借助网络平台，创新使用了翻转课堂的教学方法，实现了线上线下的合作教学，有效弥补了传统课堂的缺陷。通过线上学习平台，教师可以将教学内容按照知识点分割并录制成简短的小视频上传，供学生课前自学使用。由于视频短小且知识点明确，学生可以利用碎片时间择己所需，避免了从前集中时间授课、教学内容单一而导致学生学习效率低下的问题。线上平台的引入，不仅为传统教学模式的颠覆提供了可能，还为锻炼学生的自学能力与主动学习意识创造了机会。教师布置课前任务后，学生根据个人情况自由安排时间，通过重复观看、查找资料等方法，完成课程内容的学习，课堂时间教师不必再作为传授者，而是引导学生提出问题，师生或同学间交流讨论，调动了学生思考学习的积极性，加深了对学习内容的理解，实现了知识的内化。此外，学生完成教师所布置的任务的过程，也是通过实践提升信息素养的过程，通过线上线下合作教学，使学生充分得到了培养与锻炼，大大提升了教学质量。

即时联络交流。关注学生需求、增加交流互动是提高信息素养教育有效性的有力途径。当代大学生是成长于社交网络中的一代，使用社交软件已成为他们日常不可或缺的环节。高校图书馆普遍设立了微信、微博等主流社交软件的官方账号，并于图书馆网站上进行宣传，呼吁学生关注，使得图书馆与学生互动的途径更加丰富多样，更加贴近学生的生活。通过社交网络，高校图书馆不仅能够即时发布与信息素养相关的活动资讯，还能够收集学生的反馈与评价，也带动了少数尚未使用社交网络的学生学习使用并加入其中，从而跟上时代信息化发展的步伐。一些高校图书馆还在图书馆网站上提供了工作时段的 QQ 即时咨询功能，或公布馆员的电子邮件、QQ 号码等联系方式，使得学生遇到问题时能即时向馆员申请帮助。以往学生只能通过亲身到图书馆与馆员面对面交流的方式解决问题，如今线上途径的开辟，使学生既能在图书馆实地获得帮助，又能于馆外在线上获得馆员的帮助，为学生平时使用图书馆的基本需求与进行科学研究的专业需求都提供了极大便利。通过与学生的密切沟通，图书馆馆员能够更加清楚地了解大学生的信息素养现状，在开展信息素养教育的过程中有的放矢，提高工作效率。

面对信息技术快速发展、社会环境网络化的新态势，高校图书馆工作者发挥了良好的专业素养，运用其高度的信息敏感意识发觉了信息素养教育在互联网时代转型的必要性，关注社会与学生的需求、挖掘网络技术与工具的应用潜力，于信息素养教育的各方面与环节开辟了线上途径，创新使用了线上与线下对接教学的模式，实现了信息素养教育的 O2O 转型，使得高校图书馆的信息素养教育能够跟上时代发展的步伐，焕发出新的活力。相信在高校图书馆的引领下，我国的信息素养教育会尽快完成转型并得到普及。

第三节 高校信息素养教育
SPOC 创新

在当前大数据信息化背景下，社会对信息素养教育的关注程度较高，本节在分析信息素养教育和 SPOC 概念的基础上，从教学方法、教学内容、教学主体、教学地点和教学时间方面探索了高校信息素养教学模式的构建方法，为改变我国高校信息素养教学问题提供了参考，以此来推动高校信息素养教育的快速发展。

信息素养是全球信息化背景下人们所应具备的基本能力，信息素养涉及范围很广，主要体现在文化层面、信息意识、信息技能三个方面，主要表现为信息工具运用、信息采集分析、信息生成、信息创造、信息效益、信息写作和信息免疫等。作为 21 世纪素养的主要趋势，信息素养不再是针对信息的单一概念，为适应当前的大数据新媒体环境，高校信息素养教育应更上一台阶，改变传统高校信息素养教学中出现的师资力量不足、课程课时缺乏等现状，全面提升学生的信息素养。

一、SPOC 概述

SPOC（Small Private Online Course）又称小规模限制性在线课程，此课程模式是相对于 MOOC 提出的，其中的"S"代表学生规模，"P"代表对学生设置限制性准入条件。MOOC 是大型开放式网络课程，在全球网络化时代，MOOC 等在线教育平台发展迅速，以其网络开放性打破了时空限制，实现了随时随地的网络学习，但是 MOOC 也存在一定的弊端，主要在于无法保证学员持久的学习积极性，另外，MOOC 在线课程的开放性导致学生学习程度差异较大，教师无法根据学生的实际情况进行因材施教，教学效果大打折扣。在 MOOC 存在诸多弊端的基础上，SPOC 的概念被提出，从字面意思就可以看出 SPOC 与 MOOC 的差别，主要在于 SPOC 限制了参与课程的人数要求，并对听课人员文化程度和学习能力进行了限制性规定，一般运用到高校正式课中，这样才能有效提升课程开发的有效性，其他差别分别体现在性质、学习模式、学习内容、完成率、互动情况和深度体验等方面。从两种课程模式的主要差异可以看出，SPOC 就是传统教学模式与 MOOC 在线课程的融合，实现了网络与实体的结合，开发出新型的线上线下混合学习，在这种学习模式中，将传统课堂中听课学生能力规定与 MOOC 课程相结合，能够根据学生差异开展个性化、层次化学习，听课人数的控制也能更好地实现面对面交流互动，增进完整体验，有利于提升整体学习效果。SPOC 模式下的教学结合了线上线下教学的优势，发挥了 MOOC 教学模式在高校教育中的潜在能力，补足了传统教学的短处，为高校教育的改革发展提供了较大帮助。

二、基于 SPOC 的高校信息素养教学模式创建

（一）教学方法

基于 SPOC 的高校信息素养教学模式结合了传统课堂和网络教育的优势，利用微课视频突出教学重难点，在此基础上实现了专业课教师与信息素养教育教师的合作教学，课前的学习探索激发了学生自主学习的热情，传统教学模式保证了教师对教学方向的主导，主要教学方法体现在以下几个方面：

（1）自主学习。自主学习主要通过微课等线上教学模式进行，教师根

据学习目标制作微课视频并在课前进行播放，学生在课前或者空闲时间可以观看教学视频，结合自己所学的知识来对新的教学内容进行理解，根据提示完成课后练习，并记录不理解的重难点知识。

（2）传统学习。传统学习主要指的是面授学习。学生根据微课视频完成自主学习之后，仍需要在教师的指导下学习信息素养相关知识。面授教学能够使教师有效把握学生的学习方面，并随时解答学生自主学习中所遇到的问题，带着教学目标开展实践教学，有利于把握学生的学习规律和实时动态，根据实际情况调整课程学习方案。

（3）互动学习。SPOC 教学模式以其小规模的特点，使学习互动变得非常简单，信息素养教育实施的每个阶段都存在互动学习。在网络平台上，学生可以借助交流平台实现全方位的多人交流；在面授教学中，学生也可以与同学组成讨论小组，就学习过程中所遇到的难点问题进行意见交换。线上线下的互动学习，能够充分调动学生的学习积极性。

（二）教学内容

分层教学。SPOC 教学模式下的学生准入标准有着一定限制，通常为高校学生，对此就可以根据不同阶段高校学生所积累知识的程度，来开展基于分层教学的信息素养教育，以此在最大程度上提升教学效率。不同年级、不同专业的高校学生对信息素养的掌握能力和需求情况有所差异，大一新生的信息素养能力较弱，信息素养需求也并不迫切；大二、大三学生需要将大部分时间用在专业课学习中，虽然他们具备一定程度的信息检索能力，但是信息素养需求与大一新生差别不大；大四学生的专业知识学习已经足够，其主要任务为撰写毕业论文，需要从知网等文献资料库中寻找自己所需要的资料，亟须提升自身的信息检索能力，因此应该重视对其信息素养能力的培养；研究生的信息检索能力满足实际需求，但是其信息运用及整合能力还需要进一步提升，以此来强化科研能力。分层教学是根据不同教学对象对信息素养的不同需求所开展的具有针对性的教学模式，对提升学生综合信息素养有着较大帮助。

半结构化嵌入式教学。半结构化嵌入式教学主要指的是教学内容设置的半结构化。分层教学所面对的对象是所有高校学生，是根据信息素养能力需求所开展的教学模式；而半结构化嵌入式教学所面对的对象是不同专业的学生，在分析不同专业对信息素养需求的基础上来开展信息素养教育。通识教育为信息素养教育的基础，是所有专业学生都需要掌握的基础信息能力，所以教师可以从相关在线教学平台中寻找有关通识教育的优质教育视频，并播放给所有专业的学生进行观看，这样既提升了教学效率，也避免了信息素养教育教师资源的浪费，保证教师能够有更多的精力和时间开展专业应用实践教学。不同专业的信息需求不同，信息检索方式也有一定差异，所以在学生掌握通识教育的基础上，须加强专业实践教学，促使信息素养教师与专业课教师进行合作，以专业知识分析来开展针对性的信息素养教育，提升教学实用性。

（三）教学主体

大一至大四学生的信息素养水平与需求差异较大，为适应不同年级学生的信息素养教学需求，需要根据实际情况开展个性化课程，其前提是对高校各年级学生情况进行分析。

（1）大一新生。大一新生的专业知识较为缺乏，不知道自己需要哪方面的信息素养教育，所以针对大一新生，可以开展入门级别的信息素养教育，利用网络平台向学生介绍基础学术资源。在线下，教师也可以带领学生参观图书馆，使学生对图书馆的开馆时间、数据库和资源分布情况有个大概了解，也为之后的信息素养提升打下坚实基础。

（2）大二、大三学生。大二、大三学生对学校的基础性学术资源有着一定了解，在专业知识学习深度与广度不断提升的情况下，对信息检索的需求也在不断提高。所以，针对大二、大三学生，重点需要培养其信息检索能力，教师可以列举一些信息检索工具和网址，并选择一个方向，让学生利用自己所学到的检索知识进行资料搜索，为专业课的学习提供保障。

（3）大四学生。大四学生为毕业群体，其信息素养相对较高，信息检索技能也较为成熟，这个阶段中的主要任务为撰写毕业论文，所以对信息的需求就显得更加专业化。所以，针对大四毕业生群体，可以开展关于文献综述撰写或者学术数据库应用等能够帮助论文撰写的课程，在此基础上也可以增设论文查重相关课程，教学生如何正确地修改论文，提升毕业论文质量。

（四）教学地点

基于 SPOC 模式的信息素养教学是网络平台与传统课堂的融合，教学地点主要分为课堂外和课堂内。对于课堂外教学来说，就是学生利用各种电子设备，随时随地地利用网络平台进行在线学习，无论是图书馆、宿舍还是餐厅，学生都可以根据自己的实际情况开展信息素养教学，即使在放假期间，遇到不懂的问题也可以在家登录在线教学平台，对照教学视频开展学习，教师也可以在线上与学生进行交流，辅导学生学习。线上的课堂外学习只是学生的自主学习，其主要作用为减少基础性知识讲解时间，但仅依靠自主学习并不能完全理解信息素养教学知识，所以还需要结合课堂内教学，以线下教育开展信息教育实践，具体做法是教师可以带领学生进入图书馆进行实际操作，以学生所学专业探索更多的信息检索方法。

（五）教学时间

课前自主学习。课前自主学习主要依靠微课等在线网络平台来完成，教师根据学习内容准备相关的教学视频，这些视频多为基础性学习，学生可以在课前观看教学视频，减少课堂中讲解基础性知识的时间，还可以根据自身学习情况自主选择教学视频，并在学习视频后完成作业和测验题，对自己的知识掌握程度进行检测。课前自主学习能够使学生对自身的学习情况有个大概了解，并根据学习目标划出学习难点，利用资料检索或者合作学习解决问题，提升自身的探究能力。

课中知识内化。课中知识内化主要是在课前自主学习的基础上，对所学习知识进行深入讲解和巩固，信息素养课程具有一定的实践性和实用性，依靠视频理论并不能完全掌握，所以说需要教师带领学生开展实践性操作，提升学生的信息问题解决能力。

课后讨论评价。课前自主学习和课中知识内化使学生对知识有了一定程度的掌握，课后可以利用在线教学平台对所学知识进行反馈，检验自身的知识掌握情况，如列举一些课题，检验自身的资料检索能力。而教师也可以利用此平台掌握学生的学习进度和知识掌握规律，根据学生的实际情况调整学习方案，完善学习进程，提升整体教学效率。

基于 SPOC 的高校信息素养教学模式实现了线上线下的完美结合，发挥了传统课堂和MOOC课程的优势，在提升学生学习兴趣的同时，避免了教学资源的浪费，满足了不同阶段学生的信息素养需求，推动了高校信息素养教育的不断发展。

第四节 高校信息素养教育
与文献检索教学创新

进入 21 世纪以来，随着科学技术的迅速发展，信息已成为社会发展的重要资源。良好的信息素养是大学生走出校门之前必须具备的素养之一，是现代化人才必须具备的基本素养。目前，许多发达国家均以各种国家级文书形式表达了对 21 世纪人才培养趋势的关注。越来越多的国家在人才培养上，尤其是在高等学校学生培养上，更加注重素质和能力的培养，特别是信息利用技能和信息创新能力的培养，也就是信息素养的培养。什么是信息素养，文献检索课程与大学生信息素养关系如何，文献检索课程教学模式该如何应对读者需求和社会发展的变化，这是几个值得我们思考的问题。

1974 年，美国信息产业协会主席 Paul Zurkowski 向美国全国图书馆和信息科学委员会提交的一份提案中，指出具有信息素质的人是那些接受过信息资源应用培训，掌握了利用信息工具的技术和方法，能够应用广泛的信息资源解决实际问题的人。然而，被广泛认可的概念是由美国图书馆学会（American Library Association，ALA）在 1989 年提出的，指准确判断何时需要信息，掌握快速有效地获取所需信息，以何种方式去评价、利用已经获得信息的一种能力。

随着人们对信息素养认可程度的加深，信息素养的含义已从初级的获取处理信息、发布传递信息等简单的操作技能，逐步发展为含义比较广泛的综合性概念。信息素养不仅包含信息利用和处理能力，还包括信息获取与甄别、信息分析与评价、信息创新与传递的综合能力。作为 21 世纪的大学生，应该具有适应信息社会、快速获取信息和具备较强竞争力的良好信息素养。

一、文献检索教学模式的变革

在我国高校教育中，信息素养的培养主要依靠图书馆教育和文献检索教学来实现，虽然图书馆教育和文献检索教学在教学内容上有些差异，但在很大程度上两者之间却是相互依存的，一直以来，两者在提高大学生信息意识和信息能力方面发挥着重要的作用。然而，如今的问题是随着互联网信息技术的快速发展，图书馆所处的社会环境已经有了很大的改变，依托传统图书馆的文献检索课程已经不能完全适应培养当代大学生信息素养的需求。那么，文献检索课程在承担高校信息素养教育方面的方法和内容应有什么改变呢？

教学方法方面，文献检索课程变革的关键在于突破传统教学方式。过去以教师为中心的教学模式在很大程度上限制了学生创新能力的发挥。笔者认为现在的重点是引导学生进行发散性思考，允许并提倡学生对现有的知识存有疑问。在充分发挥学生学习的自主性、积极性、独立性、创造性的基础上，通过主动获取信息、利用信息、创新信息来证实疑问、解决问题，最终通过这样的实践过程充分提高学生的信息素养。再者，在实践操作方面重点利用计算机、互联网等现代化的教学手段，重点培养学生解决现实问题的能力，而不是重复验证理论知识，避免了理论与实践断层的尴尬局面。

教育内容方面，应当把教学重点从以信息查询和信息获取为重点转变到信息分析和信息创新层面上来。这样转变的原因有两个方面：一方面，伴随网络信息技术的突飞猛进，数字资源出现了爆炸性增长，信息查询和获取已变得非常简单，反而在信息正确判断和有效利用上出现了很大困难；另一方面，人们越来越意识到信息素养的本质在于实用性技术的培养，这就要求信息素养的教学目标是重点培养学生信息利用和信息创新的能力，培养学生研究问题和解决问题的能力。因此，信息素养教学内容应该包括文献检索课以及必要的实践环节，这样教学内容的变革才有利于提高学生适应社会的能力。

二、文献检索课程依托载体的变革

在传统教学模式中，文献检索课程的依托载体是实体图书馆所拥有的各种资源以及其提供的多种服务。一直以来，我国各高校图书馆通过多种方式向学生提供了信息素养教育，这在很一定程度上提高了学生信息查询和信息利用的能力，为进一步提高信息素养奠定了良好的教学基础，营造了浓厚的教学环境。然而，由于高校图书馆在教育环境中的地位较弱，高校图书馆所能提供的信息素养教育功能在很大程度上未被重视，甚至出现了弱化的现象，这在一定程度上影响了高校学生信息素养的提高。因此，在多种外界因素的冲击下，图书馆在发挥教育职能时不可避免地要对以往的教学方式、目标、内容进行变革。要想改变培养高校学生信息素养的方式方法、内容重点，在教学目标上不可避免地需要变革。不仅要千方百计地提供多方位的学习和科研环境，更要建立多角度、多层次的信息服务。图书馆需要打破传统观念的束缚，消除时间和空间的限制，整合多家图书馆的馆藏资源、数字资源、人才资源等，使得图书馆信息素养教育职能有较大突破。

在信息道德教育中只掌握较高信息检索和信息利用技能的学生不能够进行全面信息创新，不是合格的信息素养接受者和传递者。信息道德是每个人都应遵循的社会伦理和道德准则，是制约信息产生者和信息传播者以及信息使用者的行为准绳，也是社会信息素养良性发展的有力保障。现代社会的信息非常丰富，不少大学生在面对汹涌而来的信息时，出现道德缺失，在接受良莠不齐的信息时，失去了甄别能力，致使很多学生受到不良影响。这就要求高校必须把德育放在一切教育的首位，重点培养学生的法律意识和责任意识，让学生意识到在享有利用信息的权利时还应承担相应的义务。因此，信息素养不仅包括较强的信息检索和信息处理能力，还包括较高的信息觉悟和信息意识。

文献检索课多方面变革。文献检索课程是学生提高自身信息素养非常重要的渠道，高校教师通过对文献检索课程的教学也是对信息素养培养教育进行深入研究和广泛试验的主要手段。但是，随着网络技术的发展，传统的文献检索课程的教学方式和内容在很大程度上已不能完全适应培养需求。因此，要改变过去以传统图书馆资源为主的单一教学模式，适时增加网络信息检索技术和数字资源利用能力的培养，增加信息甄别、信息鉴定、信息评价、信息整合等技能的培养。总之，传统文献检索课正在为信息素养教育进行多方面变革，文献检索课在教学理念和教学模式上必须适应现代信息技术和教育环境的改变。在积极变革的同时，文献检索课在信息素养教育上仍存在多方面的问题，需要我们不遗余力地去探索解决方法。

提供针对性、个性化服务。基于历史原因，图书馆在教育职能方面存在多种难以逾越的矛盾，比如在校生的急剧增加与教学职员短缺之间的矛盾、学生对数字资源的较高需求与图书馆不能提供较高服务质量之间的矛盾等，这在客观上使得图书馆发挥其教育职能的作用受到很大限制。尤其是在现代信息技术快速发展的压力下，图书馆如何变革才能更好地发挥教育职能呢？笔者借鉴国内外大型图书馆的成功经验，认为必须广泛地提供针对性、个性化服务。根据每位学生的兴趣爱好和接受信息的差异，认真分析他们对信息的个性需求，从而有针对性地提供能充分满足其个性需求的信息集合，可以让学生在较短时间内得到所需要的信息，并能快速有效地利用信息解决实际问题，以此提高其信息能力和道德觉悟。

结合多种理论和实践课程。就高等教育而言，整个教学过程涉及诸多理论和实践课程，而信息素养教育不可能只靠单一的文献检索课程来完成，如果结合其他课程，特别是需要解决实际问题的实践课程将会更加有效。早期的专业课、公共课以及后期的实践教学课，都可以不同方面、不同程度地开展信息利用和信息道德教育，融合多种专业的差别，使学生通过解决不同的实际问题，实现多种信息素养的发展方向，这种贯穿整个教学过程的信息素养培养方式已经得到广泛的认可，也是信息素养教育的发展趋势。

总之，信息素养是 21 世纪人才成功的基石，21 世纪的信息素养教育应当更加注重信息利用和信息创新能力的培养。无论是图书馆的智能教育还是文献检索课的教学，所传授的知识内容都应与社会发展主流相适应。微观上，一个人能否具有较高的创新能力，在很大程度上取决于其信息素养的高低。在宏观上，21 世纪的高等学校，能否培养出高素质创新型人才，主要取决于能否培养出学生的信息竞争觉悟和信息把握能力。文献检索课在整个高等教育过程中发挥着重要的作用，特别是信息素养教育方面。这一切的变化，迫使文献检索课程在多方面、多层次上发生改变，最终培养了大学生在信息掌握和利用上的竞争力和突破力。

第六章 高校信息素养教育
体系构建

第一节 MOOC 高校信息素养
培养体系

高校基于 MOOC 构建信息素养培养体系，能够有效提升大学生信息素养，促进高校信息素养教育的发展。基于 MOOC 构建信息素养培养体系，需要高校正确认识 MOOC 的含义与特点，以此为基础，实施明确培养目标、整合教学资源、健全课程体系、更新培养模式、创新培养方式、完善考核体系等策略，实现高校信息素养培养体系在 MOOC 下的有效构建。

随着互联网技术的发展，高校学生需要具备较高的信息素养，这使得高校信息素养教育面临巨大挑战。而 MOOC 作为信息技术发展的产物，应用在高校教育中，能够有效提升各学科的教育质量，增强其教学效果，为高校学科教学发展提供更多可能性。因此，高校信息素养教育需要积极利用 MOOC 平台，构建信息素养培养体系，有效培养大学生的信息素养，满足高校信息素养教育的发展需求。

一、MOOC 概述

MOOC 的含义。MOOC 指大型开放式网络课程，其英文全拼是 Massive Open Online Courses，该概念在 2008 年被提出，提出者是加拿大学者 B.Alexander 与 D.Cormier，对应的课程是曼尼托巴大学的《连接主义与连接性知识》，此课程在世界范围内免费开放。随后，美国顶尖大学的网络学习平台陆续设立，基于网络平台提供的免费课程，使得 edX、Udacity 与 Coursera 课程提供商得以形成与发展，为世界范围内的学习者提供大规模开放网络课程。课程供应商平台的课程对象为高等教育，同实体大学教育体系一样，平台有自身完善的管理系统与学习系统，并且提供的课程均是免费课程，为高等教育革新发展提供了更多可能性。

MOOC 的特点。MOOC 具有大规模、开放性与灵活性等特点，MOOC 中的"M"即 Massive，中文含义是大规模，该特点主要指 MOOC 课程对应的学生规模较大，学生人数多到数以万计，与传统课堂教学相比，其学生容量具有明显优势。开放性特点源于 MOOC 中的"O"，即 open，中文含义是开放，该特点体现在课程面向全球范围内的学生免费开放，在学生身份与选课人数等层面不存在限制问题，任何学生都可以对平台内任意 MOOC 课程进行自由的选择与学习。灵活性特点体现在 MOOC 课程由视频片段组成，这些视频片段是授课教师以某一课程知识点为核心制作的一系列时间较短、质量较高的短视频，时间通常不超过 20 分钟，课程教学时间为 4～16 周，能够为学生提供系统化的学习内容。学生在平台内进行注册后，能够随时观看课程视频，突破传统课堂教学时间与空间的限制，以碎片化学习提升学生的学习自主性，体现 MOOC 的灵活性。

二、基于 MOOC 的高校信息素养培养体系构建

（1）明确培养目标。高校基于 MOOC 构建信息素养培养体系，需要重点明确培养目标，在目标层面上做好培养规划。现阶段，我国高校的信息素养培养工作普遍存在欠缺长期规划的问题，实施信息素养教育，仅限于开设信息检索类课程。即使部分高校能够意识到基于 MOOC 培养学生信息素养的重要性，信息素养教育工作也仅限于借助 MOOC 平台开设单一性课程，难以实现信息素养培养的革新突破。因此，针对高校信息素养培养滞留在课堂教育层面或片面性教育层面的问题，高校结合 MOOC 构建信息素养培养体系，需要尊重不同阶段学生的不同学习需求，明确信息素养教育目标，以培养目标的长期规划属性，推动高校信息素养培养工作趋向系统化、固定化与长期化发展。

（2）整合教育资源。高校基于 MOOC 构建信息素养培养体系，需要整合教育资源，即整合课程资源。高校需要正确认识 MOOC 课程资源，包括指定教材资源、网络资源与教学团队的课程内容。丰富的教育资源与多样化的课程能够对高校传统信息素养教育资源不足的问题进行有效弥补，高校可以整合毕业论文指导、图书馆讲座、数据库实践课、信息素养课程等教育资源，将其归入到信息素养培养内容中，并通过线上与线下综合的混合式教学模式，提升高校信息素养培养成效。在此基础上，高校需要基于 MOOC，以学生为中心，对学生学习需求进行充分了解，在这样的前提下实施课程导航，借助互联网结合专业课程与多种信息素养课程，按照学生不同知识储备、阅历层次与学科背景，为其制定与提供个性化教育课程，并注重实践课程的增加，实现课程内容的有效丰富，推动学生个性化学习，促进高校信息素养

培养效果的增强。

（3）健全课程体系。在整合课程资源的基础上，高校结合 MOOC 构建信息素养培养体系，需要针对信息素养教育健全课程体系。基于开放性特点，MOOC 对高校信息素养培养教育内容进行了有效补充，但是其对应的课程体系尚不健全。高校图书馆馆员的信息素养课程存在片面性与阶段性的问题，难以满足学生的学习需求，无法提升信息素养教育的实效性。由于信息素养的教育核心是培养学生搜索信息的意识，因此需要结合这一主线，逐层构建新型课程体系。在图书馆馆员层面，需要在专业课程中嵌入学科知识，借助专业课教师的力量，实现 MOOC 课程资料的搜集与推荐。在校生层面，学校需要以晋级模式实施学分制，在大学生学习与生活中充分融入信息素养教育，并对成绩优异、表现良好的学生进行奖励，使其获得优等学分，促进学生主动提升自身信息素养。在图书馆层面，高校需要联合图书馆借助大数据对课程学习进度进行分析，获取课程有效反馈，从课程体系角度，实现高校信息素养培养体系的不断完善。

（4）更新培养模式。更新培养模式主要指高校信息素养培养体系构建，在 MOOC 环境下实行的是混合式教学模式。高校传统信息素养培养对应的教育模式大多教学场所固定，以教师面授有限数量的学生为主，突出教育特征就是教师面授。另一种传统教育模式是网络公开课模式，培养学生信息素养主要依靠网络公开课、精品资源课程与信息素养类网络精品课程等。两种教学模式均存在片面性问题。因此，高校基于 MOOC 构建信息素养培养体系，需要更新信息素养教育的培养模式，利用 MOOC 平台，实施小规模在线私密课程，通过这种扩展课程有机结合课堂教学与 MOOC 线上讲座视频，构建初步混合式教学模式，强化学生信息素养。由于 MOOC 突破了传统教学时空限制，因此，其在控制课堂方面存在问题，需要高校在结合 MOOC 构建信息素养培养体系、更新教学模式的过程中，综合以上三种教学模式，使其融合成高校信息素养的整体混合式教学模式，构建各取所长、虚实互补与线上线下互动的新型教学模式，有效提升学生线下课堂参与程度与线上互动程度，优化信息素养培养效果。

（5）创新培养方式。高校基于 MOOC 构建校内信息素养培养体系，需要在信息素养教育中，重点创新教学方式。高校传统信息素养教育存在教学方式单一的问题，难以提升学生学习兴趣，无法满足其学习需求，信息素养培养成效不理想。但是 MOOC 教学能够提供多种教学方式，高校利用其教学方式结合信息素养教育与 MOOC 授课内容，组织多种教学活动，能够有效提升学生自主学习意识，强化学生自主探究式学习。由于信息素养教育具有一定的实践性特点，其丰富的教学内容，要求学生具备一定的实践操作能力，因此，高校创新教学方式，应充分考虑学生的学习需求，以学生乐于接受的方式对学生进行信息素养培养。例如，高校可以实施游戏教学法，以寓教于乐的教学理念，在培养体系中引入游戏晋级模式，对成绩优异的学生进行探花、榜眼与状元等称号奖赏，以这种教学方式激励学生学习的积极性。高校新型教学方式中的游戏晋级模式能够对学生个人能力成长进行体现，展现学生对信息的获取、分析与利用的过程，以娱乐教学提升学生的信息素养，促进信息素养培养体系的有效构建。

（6）完善考核体系。基于 MOOC 平台，高校建设信息素养培养体系，需要完善信息素养教育的考核体系。高校现阶段利用的 MOOC 尚存在缺点，其最大问题就是完成率较低。基于此，高校应构建合理、科学的教学考核体系，以此提高信息素养课程教学质量。高校需要在传统教学考核机制的基础上，制定特权制、学分等级制与学分晋级制等考核标准，结合实践考核与在线考核完善考核体系。特权制主要指针对学习表现突出或贡献突出的学生，进行特殊奖励，例如，允许其借书数量增加或者延迟其借书时间。在信息素养教育中，建设评估体系属于重要内容，体系中应包括教学方法评价、教学内容评价、与学生学习对应的自我评价等。因此，高校需要结合实践操作考核与笔试考核，结合讨论评价、课堂测评与在线考核等，以这两种考核评价方式对 MOOC 完成率低的问题进行有效探讨。在此基础上，高校也需要借助 MOOC 平台获取学生学习行为信息，利用大数据分析这些信息，得到有效反馈，从而实现高校信息素养教育评价体系的完善，促进高校信息素养培养体系完整构建。

综上所述，高校基于 MOOC 构建信息素养培养体系，需要以 MOOC 的含义与特点为基础，在教学目标、方法、模式、资源、课程与评价等方面，结合 MOOC 采取多种信息素养体系构建措施，优化高校内部的信息素养教育成效，在有效构建信息素养培养体系的同时，推动高校信息素养教育的发展。

第二节 泛在知识环境与信息素养
教育体系

信息素养教育是高等教育人才培养的重要环节，本节在分析泛在知识环境概念和内涵的基础上，指出信息素养教育改革是泛在知识环境发展的必然要求，力图构建涵盖新生入馆教育、信息素养通识课、数据库讲座、专题培训和嵌入式信息素养教育的多层次、多维度、立体化信息素养教育体系，以期更好地发挥高校图书馆的育人作用。

信息素养是信息时代人们学习、工作、生活的必备素养和重要技能。泛在知识环境下，信息资源无所不在的特点让人们充分享受到其带来的好处，但同时也给人们带来了信息超载、信息不对称和信息焦虑等负面影响。信息素养教育作为高等教育人才培养的重要环节，已经在全球范围内开展了广泛探索和深入研究。1974 年，美国信息产业协会主席 Paul Zurkowski 第一次提出"信息素养"的概念，他认为："信息素养是指利用大量的信息工具及主要信息源使问题得到解答的技能。"2003 年，联合国教科文组织（UNESCO）发布了《布拉格宣言》，在其中指出，信息素养主要是人们在确定、查找、评估、组织和有效地生产、使用和交流信息等多个方面的能力，强调了信息素养是人们投身信息社会的先决条件。2011 年，英国国立图书馆和大学图书馆协会（SCONUL）发布新的《信息素养七支柱标准》，为了应对全球化背景下信息素养培养的新问题，该标准建立了信息素养的七大支柱模型，分别为识别、审视、评估、计划、收集、管理和发布，定义了高等教育阶段学生应具备的信息素养的核心技能、态度和行为。2015 年 2 月，美国大学与研究图书馆协会（ACRL）正式发布了《高等教育信息素养框架》，文件指出"信息素养"是"对信息的反思性发现，对信息如何产生和评价的理解，以及利用信息创造新知识并合理参与学习团体的一系列综合能力"。

2015 年 12 月，我国教育部印发《普通高等学校图书馆规程》，对高校图书馆的教育职能和信息服务职能做出明确规定，高校图书馆是为人才培养和科学研究服务的学术性机构，应重视开展信息素质教育，加强信息素质课程体系建设。2016 年 3 月，教育部高校图工委开始组织起草我国"高校信息素养教育标准和评价体系"，经过 2 年多的 10 余次会议讨论与意见征询，该标准修订稿于 2018 年 6 月呈报给高教司。作为学校的文献信息中心以及教学研究支持中心，高校图书馆是承担大学生信息素养教育任务的关键力量，因此，高校信息素养教育体系的构建及研究对我国信息素养教育改革和高等教育人才培养具有重要意义。

一、泛在知识环境与信息素养教育

（一）泛在知识环境

"泛在知识环境"（Ubiquitous Knowledge Environment）是 2003 年 6 月美国国家科学基金会发布的著名研究报告《知识在信息中迷失》中提出的新概念。该报告认为，可以将数字图书馆普及所创造的信息环境称为"信息以太"（Information Ether），"Ether"一词有以太、太空、气氛、大气等意思，数字图书馆的未来就是要构建一个"泛在知识环境"的图书馆，如同无所不在的以太一样，成为未来生活、学术研究和教育必不可少的信息基础设施。泛在知识环境是由知识资源、网络基础设施、设备终端和信息用户组成的新一代动态信息系统，系统强调以用户为中心，关注用户行为、用户能力和用户需求，能针对不同用户提供定制化和个性化的知识服务。

"泛在知识环境"也被一些学者翻译为"普遍存在的知识环境"，国内图书馆学界对"泛在知识环境"的研究始于 2006 年，陈维军、李亚坤在《图书馆杂志》上发表《泛在知识环境下的图书馆》一文，指出在泛在知识环境下，人们发现、存取、共享和创造知识的方式发生了巨大改变。朱强、别立谦等人认为，泛在知识环境下图书馆在任何时刻、任何地点都是可存取的，这种新型的图书馆信息服务方式，可以嵌入到人们的日常生活中，图书馆为用户提供的这种数字化信息服务是一种智能化的信息系统。因此，图书馆需要摆脱传统物理空间的阵地限制，将服务战线延伸到一切用户所在的地方，在新的知识链中更加注重用户的兴趣和需求，使图书馆服务全方位地融入泛在知识环境中。

（二）信息素养教育改革是泛在知识环境发展的必然要求

随着信息技术以及信息生态环境的迅猛发展，泛在知识环境下的信息资源类型是泛在的，信息提供者是泛在的，信息设备是泛在的，用户需求是泛在的，用户行为是泛在的，用户应用也是泛在的。泛在知识环境要求图书馆必须对读者服务内容和方式进行重新定位，加强与用户的交流互动，协同多层次、全方位的资源和人力，提供主动、专业、到身边、到桌面的泛在知识服务。因此，如何开展信息素养教育改革和教学实践创新，全面提升大学生信息素养以适应泛在知识环境多样化的情境需求，是泛在知识环境发展的必然要求，是社会对高等教育的更高要求，也是高校信息素养教育工作者不断思考的问题。

二、泛在知识环境下信息素养教育体系的构建与拓展

在"双一流"建设背景下，高校图书馆以一流学科建设和读者需求为导向，构建了涵盖新生入馆教育、信息素养通识课、数据库讲座、专题培训、预约培训和嵌入式信息素养教育等多层次、多维度、立体化的信息素养教育体系。

新生入馆教育。"新生入馆教育"是学校新生入学教育的重要组成部分，是由图书馆组织的普及性的信息素养培训，旨在帮助新生尽快了解并利用好图书馆的资源和服务。"新生入馆教育"培训时间一般为每年9月~10月，

培训对象为全体本科新生及研究生新生，培训内容简单易懂，主要包括图书馆概况、馆藏分布与借阅规则、移动图书馆、数据库的检索以及图书馆提供的咨询、培训、文献传递等服务，力求让新生能够在第一时间了解图书馆，掌握基础的文献检索知识和信息技能。

信息素养通识课。信息素养通识课是高校图书馆面向全校本科生、研究生开设的公共选修课，一般为 16 或 32 个学时（1～2 学分），课程内容包括信息素养概论、图书馆资源与文献保障体系、中外文数据库的检索及利用、文献管理、论文写作规范、学术道德与学术评价以及信息检索在生活中的应用等。信息素养通识课教学体系完整，教学内容丰富实用，注重培养学生的信息意识和学术道德规范，提高学生的信息检索技能和自主学习能力。

数据库讲座及专题培训。数据库讲座及专题培训是面向全校师生的普及型教育，为了帮助师生读者提高信息素养，进一步了解和掌握图书馆资源及服务的利用方法，图书馆会定期举办数据库培训及专题讲座。数据库培训一般由各数据库商培训师主讲，专题培训一般由文献检索课教师或信息专家主讲，课程内容涉及各类学科文献资源检索、电子图书使用指南、全文型数据库的检索与利用、事实型数据库资源检索及使用、外文学术资源荐购指南、如何获取校外文献资源、文献管理软件的使用、如何利用图书馆多媒体资源学习外语、Word 论文排版技巧及硕博论文网上提交系统的使用、Excel 表格和 PowerPoint 的制作、Photoshop 与数码照片的处理、大学生活与图书馆等。

信息素养教育体系的拓展——嵌入式信息素养教育。总体上看，新生入馆教育、信息素养通识课、数据库讲座及培训这三种形式的信息素养教育已经覆盖了新生、本科生、研究生和教师等不同层次的读者群体，虽然课程内容丰富、教学体系完整，但笔者发现，在不同信息素养水平读者的教学和实践中还是出现了诸多问题和不足。

（1）新生入馆教育的受众为刚入校的大一新生，虽然他们对图书馆丰富的学术资源充满向往和渴望，但他们信息意识薄弱、信息技能不强，而这些知识和技能无法在一次新生培训课里让他们全部吸收。

（2）信息素养通识课的受众最广，覆盖全校各年级学生。课程教学计划和教学大纲一般由图书馆文献检索课教研室制定，教学内容覆盖面广，可以让读者接受较为完整的信息素养教育，提高他们的基本信息技能，但在实践中许多学生在完成常规的课程后，面对具体的研究课题或检索任务时仍然会感到茫然，在海量信息资源中无法快速定位自己所需要的信息，或无法正确地评估信息的价值。

（3）数据库讲座和专题培训的受众较为分散，他们关注讲座中单个数据库的特色资源和利用方法，但他们的信息素养水平差异较大，受教学形式限制，信息素养教育无法以连续性的方式融入日常学习和科研中。

由此可见，以上这三种信息素养教育模式已经无法满足泛在知识环境下读者个性化、多元化的情境需求，高校信息素养教育应根据不同受众的信息素养水平、知识需求和学术情境来设计更为契合的信息素养教学方案，而能将信息素养与学术研究、专业学习、应用情境相融合的最佳教学实践模式就是嵌入式信息素养教育。

作为常规信息素养教育的拓展，嵌入式信息素养教育的主体不再是图书馆，而是教师、学习者、馆员。嵌入式信息素养教育根据学习者个性化的信息需求，由教师与馆员共同制定课程方案、合作开展教学实践，在专业课教学体系中融入信息素养教育，使学习者在掌握专业知识的同时提升信息技能。目前，嵌入式信息素养教育已经成为众多高校图书馆提供泛在知识服务的主要途径。

三、泛在知识环境下信息素养教育体系的构建策略

重视馆员队伍建设，大力培养信息素养教育师资力量。高校图书馆馆员是信息素养教育的关键角色，信息素养教学团队的教师素质是影响信息素养教育质量的关键因素。图书馆应该重视馆员人才队伍的建设，大力培养信息素养教育师资力量，优化信息素养教学团队配置，形成学科背景多元化、资历及年龄层次化、专兼职结合的教师队伍。同时，馆员也需要通过各种方式不断学习研究，提升自身的专业素养、服务能力，从而提高信息素养教育的水平和质量。

重视用户需求，有针对性地开展信息素养教育。泛在知识环境下用户信息需求的多样化使得信息的获取方式、信息的交流方式和信息存储的载体都随之发生了改变，同时社会对高校大学生的信息素养和人才培养目标也提出了越来越高的要求。图书馆应重视学习者普遍关注和关心的热点问题，根据不同的教学对象、学术情境来确定个性化的信息素养教学内容和教学方案，激发学习者深层次的学习兴趣，从而全面提升学习者的信息素养和综合能力，增强信息素养教育的针对性、层次性、时效性和主动性。

重视教学模式创新，助力"双一流"建设与发展。泛在知识环境赋予了馆员新的角色，除了提供图书馆的资源和服务，馆员还通过嵌入式服务模式支持教学和学术研究全过程，从而建立起图书馆与用户的长期合作伙伴关系。"双一流"建设背景下，学校大力推进教学改革和创新，鼓励教师利用慕课、微课、翻转课堂等先进的教学理念和创新教学模式开展教学实践，图

书馆信息素养教育迎来了新的发展机遇和挑战，馆员将作为信息专家参与学校学科建设、课程建设和人才培养，助力学校"双一流"建设和发展。

在当今"互联网+"的浪潮中，"智慧城市""智慧校园""智慧图书馆"的建设打造了更加智能、互联的泛在知识环境，信息无所不在，成为人们日常生活的必需品，能较好地发现、辨别，合理合法地获取、使用和创造信息，将成为人们的基本生存之道。高校图书馆作为学校信息化和社会信息化的重要基地，担负着教育与服务的双重职能，有责任在大学生进入社会前对他们进行良好的信息素养教育。本节力图构建以读者需求为核心的多层次、多形式、多维立体的信息素养教育体系，创新泛在知识环境下的知识服务模式，从而更好地发挥高校图书馆的育人作用。

第三节 系统观与高校媒介素养教育体系

本节详细分析了高校大学生媒介素养教育存在的问题，提出采用系统观的视角，构建一套完备的素质教育体系，从内部管理上整体理顺各个环节的相互关系，使这些环节形成正向合力。该体系通过明确媒介素养教育目标规划，进行相关教育实施方案的设计，并构建多元化的教育环境，通过测评大学生媒介素养，检验教育教学效果，发现问题，并调整教育目标规划，从而将教育理论和媒介实践紧密结合，有效推进高校大学生媒介素养教育。

新媒介以其独特的功能和魅力吸引着易于接受新事物的大学生群体，已经成为大学生获取信息和沟通交流的主要途径。新媒介呈现出的新观念、新事物、新潮流、新思维严重影响着大学生的学习方式、生活方式、处事方式、交往方式甚至是价值取向。在纷繁复杂的新媒体时代，如何正确看待传媒现象，如何深入了解传媒运行规律，如何科学辨析传媒信息，如何有效利用传媒手段自我完善、推动社会进步，逐渐上升为个人的基本素质，其重要性日益凸显，这些都是值得当代大学生、教育工作者乃至全社会认真思考、潜心研究的社会命题。

一、媒介素养的内涵及媒介素养教育的意义

目前大家较为认同的媒介素养概念是 1992 年美国媒介素质研究中心做出的定义：媒介素养是人们面对媒介各种信息时的选择能力、理解能力、质疑能力、评估能力、创造和生产能力以及思辨的反应能力。由此推衍出媒体素养五个层面的含义：一是正确认知媒介的基础知识及使用方法；二是学习判断媒介信息的价值和意义；三是提高对不良信息的质疑和反思能力；四是掌握创造和传播信息的知识和技巧；五是利用新媒介发展自我，参与社会进步。最为理想的媒介素养状态是受众的媒介使用将成为发展他们的一种动力，而不会因媒介使用沦为大众媒介或讯息的奴隶。大学生作为社会的知识群体，具备较高层次的知识水平，但心智尚未完全成熟，在应对媒介、利用媒介、鉴别媒介信息等方面仍显不足。作为媒介接触的主流人群，大学生的媒介素养及综合素质关乎国家未来的整体形象。从目前我国的教育现状和社会需求分析来看，加强大学生的媒介素养教育，不仅是大学生树立健全的世界观、人生观、价值观的内在需求，更是信息时代素质教育的应有之义。

那么，何谓媒介素养教育？顾名思义，媒介素养教育是提升人们媒介素养的教育思想和教育方法，它是以社会公众为对象，以培养和提高认知媒介、

参与媒介、使用媒介能力为目的的素质教育。推动媒介素养教育的根本目的就在于，在纷繁复杂的新媒体时代，帮助大学生学会正确解读媒介信息，掌握制作与传播信息的技能，使他们"能免受媒介传播的不良文化、道德观念或意识形态的负面影响"。其作用和意义主要体现在以下几个方面：

一是有助于大学生掌握基本的媒介知识与技能。基本的媒介知识包括语言文字处理技巧、图形图像处理技巧、网络媒介的特质，以及处理媒介信息的原则和方法。大学生只有较好地掌握媒介基础知识，练就过硬的媒介技能，才能奠定良好的媒介素养基础，及时规避新媒介带来的不良因素的影响，为个人的健康成长创设好的环境。

二是有助于大学生提升媒介信息鉴别与传播能力。新媒介传播的形式多样，传播的信息类型纷繁复杂，它能引导大学生理性应对日益国际化的媒介世界，正确辨识、评价媒介信息，合理区分媒介现实与客观现实，厘清各类媒介信息背后隐含的意识形态问题，有效控制个人行为，理性传播媒介信息，制造媒介产品，以成熟的心态、理性的思维看待媒介世界，帮助其树立正确的世界观、人生观和价值观，助力个人成长。

三是有助于大学生合理有效地利用媒介信息。在新媒介环境下，媒介教育的意义就在于培育和提高大学生对媒介信息的批判性认知和有效的使用能力，这不仅体现为他们对媒介信息负面影响的警惕意识，对媒介信息暗含的价值理念以及意识形态的解读能力和洞察能力，还表现为积极主动地获取有益信息为己所用，调整个人的价值理念及日常行为，从而提升个人与新媒介之间的参与互动能力。

四是有助于大学生增强使用信息的道德规范意识。媒介信息的泛娱乐化、低俗化，以及相关法律不完善、政府监管不力，导致目前的法律和管理不足以应对新媒体时代出现的诸多新问题。而高校的媒介素养教育就是要培养和提升大学生在接触和使用媒介信息时所坚守的道德规范意识和自律能力。增强对网络道德规范的总体认知，了解新闻出版、网络管理等方面的政策法规，有助于增强大学生使用信息的道德规范意识。

二、高校大学生媒介素养教育存在的问题分析

近年来，随着网络新媒介的快速发展，各类网络事件层出不穷，大学生的媒介素养被普遍关注，然而，国内的许多高校对于媒介素养教育的重视程度远远不够，媒介素养教育在学校教育教学中的地位没有得到真正的体现与提升。大学校园在开展媒介素养教育方面理应具有独特的优势，却没有得到充分的体现，导致当前相对薄弱的媒介素养教育在多个方面呈现出一些问题，主要表现在以下几个方面：

媒介素养教育的顶层设计不足。媒介素养教育是一个繁杂的系统工程，需要基于目标规划、方案设计、环境构建以及测评体系，共同形成相互传动的整体架构，但从目前国内高校的实施情况来看，还未能有效地将其纳入顶层设计之中，主要表现在：①缺乏媒介素养教育的意识理念。就目前而言，国内高校普遍没有站在高校育人的全局视角，系统分析大学生媒介素养教育的使命和任务需求，因此，也就缺乏对大学生媒介素养教育各层面、各要素的统筹考虑，缺少明确统一的教育理念，缺乏具有前瞻性和可操作性的顶层设计，缺少功能协调、结构合理、行动明确的总体框架。②缺乏媒介素养教育的培养目标规划。国内高校鲜有将媒介素养教育列入大学生的通识教育之中，即使稍有涉及，也是更多地将培养目标定性为媒介技术技能的传授方面，几乎没有关注到如何提高媒介能力、媒介意识、媒介道德的课程，也

没有将媒介素养作为大学生实践活动的一个必然环节。这样的结果直接导致媒介素养教育内容过窄，培养目标不明确。从媒介素养的教育体系而言，局限于技术技能提升的媒介知识教育只能是基础，其最终目的还是要赋予大学生完善的知识结构，提供解读媒介信息的正确视角，培养独立的思辨能力，增强道德规范意识，成为积极的信息使用者。③缺乏媒介素养教育的师资培养计划。目前，高校普遍缺乏专门从事媒介素养教育的师资，现有的媒介素养教育师资队伍与开展大学生媒介素养教育的实际需求存在着较大差距。在一些高校中，从事媒介素养教育的往往是新闻专业教师或专职辅导员，他们或者凭借相关的专业知识，或者凭借个人的兴趣爱好，或者肩负政治教育任务去从事媒介素养教育，开设一些选修课或者专题讲座，这些选修课或者讲座的教学目标往往不明确，也缺乏考核评价标准。面对媒介素养教师缺乏的现状，大多数高校都没有将其列入师资引进和培养计划当中。

媒介素养教育内容跟不上时代发展。从现代意义上讲，媒介素养教育内涵应随着时代的发展而不断地充实丰富，相关的教学内容也需要不断地推陈出新。然而，当前的媒介素养教育内容具有明显的滞后性，难以跟上时代发展的步伐。具体表现在：①传统的教育内容未能及时调整，难以满足新媒介时代素养教育的需求。传统的媒介素养教育偏重媒介知识教育，注重教授大学生新旧媒介的类别区分、媒介组织的运行规律、媒介的使用与制作知识，而相对忽略了大学生积极有效利用媒介的工具意识、判断和反思意识，弱化了道德教育、新闻伦理教育和媒介与个人、社会之间的互构关系，忽视了媒介信息批判能力、反思能力、利用能力的提升。②专门化的媒介素养教育课程未能及时推出。从目前国内高校开设的媒介素养课程来看，大多集中在新闻传播、教育技术、媒介产品制作等方面，鲜少涉及媒介政治、媒介伦理、媒介价值、媒介责任等方面。媒介素养理应是跨学科的课程，课程安排或教学设计上应涵盖传播学、新闻学、教育学、政治学、社会学、伦理学等多学科领域，当前高校普遍缺乏专门化的媒介素养教育课程。

媒介素养教育形式相对单调。媒介素养往往是以课堂讲授形式为主的较为单一的教学形式；教师通过课堂授课传递媒介基础知识，没有开展真实网络媒介环境下的实践教育活动；学生普遍存在眼高手低、理论与实际相脱离的问题，缺乏必要的媒介素养理论的有效伸展和媒介信息处理经验，导致在媒介实践中存在着"知行不一"的现象，遇到实际的媒介信息问题，依然存在盲从跟风、无法正确处理媒介信息等问题。

对大学生的媒介素养教育情况缺乏客观评价。针对媒介素养教育成果的评价标准是缺位的，主要体现在两个方面：一是媒介素养教育缺乏专业化的评价标准和评价指标，高校在开设媒介素养课程前几乎没有对大学生的媒介素养水平进行客观的测评，以致无法掌握大学生的媒介素养真实水平及客观存在的问题，也就无法对大学生的媒介素养教育进行质的评判和量的评估。二是对大学生群体的媒介素养水平监测力度不够。在实际教学中，对学生的评价仅仅聚焦在学生的成绩上，事实上，成绩不能代表教学效果，也无法显示媒介素养水平。对大学生在接受教育过程中媒介素养水平的实时监测可以帮助教师动态调整教学计划和实施方案，从而使得素养教育更具针对性和实效性。

三、系统观下高校大学生媒介素养教育体系构建

高校大学生的媒介素养教育是指高校通过媒介素养教育课程和新媒体环境下的校园媒体实践对大学生进行新媒介知识、新媒介技能、新媒介文化

以及新媒介道德的传播和普及，以增强大学生的媒介意识，形成良好的媒介素养，达成素质教育的目标任务。笔者认为，目前对大学生的媒介素养教育研究还未形成体系，有的注重对大学生媒介素养现状的调查研究，有的注重媒介素养的重要性及现实意义的探讨，还有的将研究重点放在媒介素养的教育目标、教育途径的探索等方面，这些不同的角度确实能在一定程度上对大学生的素养起到促进作用，但是由于媒介素养教育理应是一项系统性工作，高校应该基于大学生媒介素养所面临的问题，采用系统观的视角，构建一套完备的素质教育体系，从内部管理上整体理顺各个环节的相互关系，使这些环节形成正向合力。首先，明确媒介素养教育目标规划，以此为基础，进行相关教育实施方案的设计，并构建多元化的教育环境。其次，针对大学生媒介素养进行测评，检验教学效果，发现具体问题，并引导教育目标规划的调整，以此循环往复，将教育理论和媒介实践紧密结合，循序渐进，有效推进高校大学生媒介素养教育。

媒介素养教育目标规划。媒介素养教育目标需要依据当前所处的社会背景和大学生的总体培养目标进行规划。然而，制定目标规划的前提是统一媒介素养教育的意识理念。高校管理层应统一认识到媒介素养教育不仅能够帮助大学生养成自觉的媒介辨析意识、媒介批判意识以及媒介道德意识，而且能够让他们对国家民族形成自觉的心理认同，防范西方不良的媒介文化、媒介意识形态的渗透和入侵，捍卫民族文化的安全与独立。由此可见，制定目标计划的重要性不可小觑。在此意识理念的指导下，方可进行系统化的媒介素养教育体系设计。

体系设计的第一层面是媒介素养教育的目标规划。落实到高校层面上，要积极实行启发式和讨论式教学，激发学生独立思考和创新的意识，切实提高教学质量；要让学生感受、理解知识产生和发展的过程，培养学生的科学精神和创新思维习惯，重视培养学生收集处理信息的能力、获取新知识的能力、分析和解决问题的能力、语言文字表达能力以及团结协作和社会活动的能力。媒介素养教育目标既应涵盖媒介基础知识的传授，也应注重启发大学生独立思考和鉴别分析媒介信息的能力，培养他们科学批判的思维。新媒介时代，培养大学生批判性思维是媒介素养教育的核心目标，媒介素养教育要通过传输媒介的基础知识，强化大学生对媒介信息的基本认知，增进他们对传媒知识的主动辨别，避免"低水平地被影响和满足"，培养他们用批判性思维去分析和鉴别媒介信息，明晰媒介资讯的作用，解读信息背后的意识形态，了解传媒在日常生活中扮演的角色，做自主的受众，并会合理地运用新媒体进行参与式交往，完善自我，服务社会。合理有效的媒介素养教育可以培养出兼具科学素养和人文素养的全面发展的人才，可以促进大学生的思想道德素质、科学文化素质、身心健康素质的协调发展，引导大学生成为有理想、有抱负、有责任感、有担当的社会主义接班人。

媒介素养教育实施方案设计。媒介素养教育实施方案主要依据媒介素养教育目标进行设计，然后将确定的媒介教育目标落实为具有一定可执行性的教学计划，供具体实施层面使用。媒介素养教育方案不是孤立的，而是融合于整体素质教育方案之中的教育方案，涉及思想政治教育、专业课程教学、师资培养、学生实践活动等多个方面：①将媒介素养教育融入思想政治教育之中。思想政治教育是一种特定的信息传播工作，是以社会主义思想体系为核心内容的价值观念的传播，其表达形式、运用手段与大众媒介有密不可分的联系。因此，在设计媒介素养教育方案时，应注重在大学生思想政治教育工作中有意识地培养大学生的媒介素养，引导大学生树立科学的媒介意识，教育大学生正确地解读媒介信息，合理使用媒介工具，增强媒介信息批判意识，提高自我教育能力，以便更好地应对媒介传播过程中大量的意识形态、价值理念、政治观念、道德意识方面的冲击，在提高思想政治意识的同时也有效提高大学生的媒介素养。②将媒介素养教育纳入专门课程教学之中。在高校中开设媒介素养教育课程，是培养和提高大学生媒介素养最直接且行之有效的办法。高校应根据自身实际情况，分步骤、分层次、多渠道开展课程教学，或开设公共必修课，或开设通识教育课，或开设选修课，或开设专题讲座，或开设学术论坛，以多样的教学形式进行媒介专门知识传授。同时，还可以将媒介素养教育内化到各专业教学的知识体系之中，有效地渗透到人才培养的全过程。因此，高校不仅要加强媒介素养专门知识的传授，还要注重专业课教学中媒介素质的养成。③将媒介素养教育融入师资培养之中。教师是媒介素养教育的承担者、组织者和发起者，在媒介素养教育活动中发挥着主导作用。教师的媒介素养水平直接关系到大学生的媒介素养层次。一方面，高校要加强引进与培养专业教学人才，通过聘请专家学者，利用学术讲座、论坛、研讨等形式，开展对在职专业教师长期、系统的培训；另一方面，对全校教师进行媒介素养培训，加强教师对媒介素养教育的重视程度，最大限度地提高教师的媒介素养，使他们能够将媒介素养教育的内容融入各学科教学之中，以正确的人生观、价值观、世界观，以科学的思维方法影响学生。④将媒介素养教育融入培养学生的实践活动之中。一方面，鼓励学生参与媒介产品的制作，通过制作与传播实践，帮助学生深刻感知媒介产品的作用与意义，实实在在地提高媒介素养；另一方面，利用校园媒介资源，开辟媒介素养教育基地，通过搜集、制作社会热点案例，邀请专家学者对案例进行批评分析，引导学生认识媒介、解读媒介，培养他们对媒介信息的批判观念，帮助他们看清社会主流，避免大学生对正确信息盲目否定，对错误信息盲目轻信，让他们更理性、科学地看待和处理现实问题。

多元化媒介素养教育环境构建。媒介素养教育环境的构建要基于教育方案进行，将教育方案具体化为实际执行的各种教学环节，结合教育方案和教学环节设计，构建多元化的教育环境。

大学校园作为传播知识和弘扬文化的重要阵地，有着较为丰富的媒介资源，校园广播、电视、报纸、期刊、校园网络等传播媒介凭借其信息量大、作用面广、出现频率高、影响深刻等优势，营造了全方位的舆论环境，构成了媒介素养的教育环境。校园媒介对大学生具有不可替代的、持久且深刻的影响和教育意义，是学校育人环境的重要组成部分。因此，大学校园要重视建设校园传播媒介和文化设施，发挥校园媒介得天独厚的优势，利用各种媒介形式和手段宣传现代化的媒介知识、媒介技能和媒介意识，营造媒介素养教育的环境。

此外，高校要积极拓展校园媒介的延伸平台，探寻与大众传媒的合作途径，为高校大学生开拓参与媒介活动的教育环境。高校可以充分利用校园现有的媒介资源，鼓励师生互相启发，开展形式多样的媒介实践活动，以实际的媒介作品参与大众传媒的实践；还可以邀请大众传媒界人士走进校园，与大学生交流互动，让大学生获得来自媒介一线的第一手信息资料，了解身边的媒体状况，以所见、所闻、所作增强对媒介的感性认识，拓展媒介的教育环境。

高校还要注意挖掘家庭、政府、社会对大学生媒介素养教育的影响。通过加强与学生家庭的沟通，搭建媒介素养教育网络，深化媒介素养教育环境。无论是高校还是家庭都有责任为大学生创造良好、健康的生活环境和教育环境，在潜移默化中对他们进行媒介素养教育，促使其形成健康的人格。

大学生媒介素养测评。准确地开展大学生媒介素养测评对于后续教育目标的制定与调整，以及前期教育方案及其实施情况的评估，有着至关重要的作用。因此，媒介素养教育的规划目标和实施方案的运行效果，需要有测评机制来驱动和完善，确保媒介素养教育体系的科学性与实用性。笔者认为，大学生媒介素养测评既需要做好定期测评，又需要做好实时测评。

定期测评主要针对媒介素养教育中的一些阶段性目标进行特定的测试，检测相关的教学内容是否已经被掌握，教学目标是否达到，从而确认教育方案及其实施方法的有效性。实时测评主要是指对大学生在校园内的媒介使用情况进行一些实际的统计分析，探寻大学生媒介活动规律，从而辅助设定媒介素养教育目标。此外，高校还应呼吁政府、媒介科研机构依据评判标准，出台评价指标，对大学生媒介素养教育的过程及其效果进行综合性评价，把阶段性评价和总结性评价结合起来，利用评估反馈的信息，加强和改善对媒介素养教育过程的调控，从而对高校教师和大学生产生积极的作用，保证大学生媒介素养体系的良性循环，真正保障大学生媒介素养教育的实效性。

媒介素养教育是我国现代教育在信息时代面临的一个全新课题，需要高校、政府、媒体、社会形成体系，构建一个全新的教育格局，共同提高大学生的媒介素养。然而，就高校而言，也需要从目标规划、方案设计、环境构建、评估测评等方面形成合力，构建出全面、高效、合理的育人格局。

第四节 多层次高校信息素养
教育体系

在现代社会里，信息素养已经成为人们生存与发展的一种竞争力。因此，高校信息素养教育尤为重要。浙江大学图书馆构建了多层次高校信息素养教育体系，建立了人员保障、宣传保障及空间保障等体系以促进信息素养教育的成功开展，并取得了较好的实施成效。这对我国高校图书馆开展信息素养教育具有借鉴意义。

自 1974 年美国信息产业协会主席 Paul Zurkowski 首次提出信息素养概念至今，信息素养已经走过 40 多年的发展历程。随着信息技术的发展和社会的进步，信息素养的内涵及其教育形式、方法等都得到了长足的发展。特别是随着数字社会的到来，信息和知识与所有人的生活都密切相关，继续学习和终身学习已经成为很多人的一种生活习惯，作为适应信息社会特质及与外界沟通所需要的一系列能力，信息素养其实已成为立足社会的一种竞争力。

信息素养教育作为赋予个人有效搜索、选择及评估信息资源能力的教育，不仅是对学生进行信息检索等技能的培训，而且是对学生进行一种更高层次的、在信息社会中生存能力和素质的培养，涉及信息意识、信息能力、媒体素养、信息道德及终身学习。信息素养教育是多学科的综合教育，涉及综合教育技术学、图书情报学、心理学、伦理学及信息技术等多门学科，不是通过一门课程和几次培训就能完成的，更不是简单的技术和方法。

高等学校教育的一项重要内容就是培养和提高大学生的信息素养。高校图书馆作为高等教育的一个有机组成部分，以其拥有的信息资源和专业馆员优势自然成为高等学校信息素养教育的核心，承担着应尽的教育职责和义务，在信息素养教育中扮演着非常重要的角色。目前，高等教育已经进入一个需要向公众开放的时代，高校图书馆也需要全方位展示其对学校的贡献与价值，信息素养教育成为高校图书馆价值评估的重要指标。

目前，高校信息素养教育的基本形式有三种：①非专业性通识课程，即面向本科生或研究生的信息检索和信息利用学分课程；②嵌入专业课程的整合式教育，即将信息素养内容与专业问题结合起来，让学生在完成学科作业的过程中运用信息技能；③专题培训，主要包括新生图书馆利用指导和各类专题讲座。

目前，国内高校的信息素养教育大多还处于通识教育阶段，其形式主要以信息检索课和图书馆资源检索使用的讲座为主，如新生入学教育、常规专题讲座、图书馆在线教学等，其提供主体一般为图书馆，对提升高校学生的信息素养起到了很大的作用。但是随着信息技术的飞速发展和用户行为习惯的改变，现有模式逐渐暴露出很大的弊端：①相对于庞大的师生用户群体，面对面的信息检索课或讲座的受众比例非常小，有限的讲师资源也导致现有模式难以覆盖全校；②传统的教育模式已不能吸引新的学生群体主动参与；③现有的在线教学模式基本是原课堂教学的网络化再现，有些会加入音频、视频等多媒体元素，让学生可以在线学习、提交作业及测试等，具备一定的交互性，但其传统的教学框架（学与用的分离）及模式对用户学习环境的限制（用户须使用计算机持续学习），导致用户体验差，难以吸引用户主动、系统地学习；④非系统化的教育模块难以培养符合现代社会发展需求的、具有信息素养能力的人才。

一、构建多层次高校信息素养教育体系的实践

面对新形势和新需求，有些高校图书馆，如北京大学图书馆、上海交通大学图书馆，均在进行信息素养教育的创新、拓展。为了保障学校教学、科研及学习的各类需求，浙江大学图书馆（以下简称浙大图书馆）经过多年的实践，从需求发展、人员分类等角度出发，针对本科生、研究生、教师、科研团队及科研管理人员的不同需求，为其提供系统化、层次化的教育服务，构建了全方位、多层次的信息素养教育体系。

多级分层的新生信息素养教育。新生信息素养教育历来是各高校图书馆的工作重点。图书馆一般在新生入学之际，通过举办"入馆教育"主题讲座、发放新生手册、制作宣传板报等多种形式进行宣传，让新生充分认识图书馆。浙大图书馆非常重视新生入馆培训，对本科生和研究生进行不同的培训，并根据现代大学生的特点在内容和形式上不断尝试创新，希望新生从了解、感受到享受大学图书馆的资源与服务，使其更好地为适应数字时代做好准备。

信息素养教育的内容体系根据本科生和研究生的需求和能力的不同而分级设置。本科生的信息素养教育内容以普适性教育为主，注重信息意识教育培养，让本科生初步了解图书馆功能、布局、服务及资源，意识到图书馆和信息交流的重要性，如"信息达人"系列活动。研究生的信息素养教育内容则注重告诉他们信息素养对其未来几年的学科和科研的重要性，使其能在未来研究生生涯中主动培养自己的信息评价和利用、信息道德与伦理、专业资源了解与获取、论文写作规范等信息素养能力。

共性与个性并存的专题信息素养教育。共性专题信息素养教育是指无

专业限制的通用信息素养知识传播，教育内容包括常用数据库的使用、Office 等软件的应用及文献管理工具的利用等，一般通过常规讲座来实现。个性专题信息素质教育是指具有学科特色、特定人群需要的信息素养知识培训，教育内容包括医学文献的查找与利用、博士点基金的申请等，这类需求主要通过定制讲座来实现。

常规讲座主要面向学校高年级本科生、研究生、教学科研人员开设，一般在图书馆内每周举办一次，旨在帮助学校研究生和科研人员在确定研究课题、立项、开题、研究或实验、论文撰写及投稿发表等学术活动的全过程中有效查获、组织管理及利用文献信息。

定制讲座旨在满足学校各院系、研究所、学术团队、学生部、团委等社团的特定需要和个性需求；其组织形式一般是院系或团队向图书馆提出定制讲座的请求，图书馆根据其个性化需求（如学科竞赛）定制指导性讲座，讲座地点则根据需求设在院系或图书馆的小型研究空间。

线上与线下相结合的公共选修课。高校信息素养教育课程是教育部要求高校图书馆承担的唯一课程，浙大图书馆主要承担面向研究生的《计算机信息检索》和《生物医学研究信息快速获取和评价》两门课程。课程主要考虑系统化和层次化原则，采用课堂面授与网络教学相结合的方式，这也是当前高校信息素养教育课程所采用的主流形式。

面向"卓越"的嵌入式信息素养教育。"卓越工程师教育培养计划"是贯彻落实《国家中长期教育改革和发展规划纲要（2010—2020 年)》和《国家中长期人才发展规划纲要（2010—2020 年)》的重大改革项目。在此背景下，浙大图书馆以培养具备卓越工程信息素养的复合型人才为目标，将教学对象划分为高年级本科生、硕士生及博士生，然后根据对象不同分别采用

"嵌入启蒙""融合成长""拓展提升"三种具有针对性的教学方案，通过实体传授和虚拟平台两个途径展开教学，期望让更多的学生参与其中。①嵌入启蒙：针对高年级本科生，采用播放自制动画视频和 PPT 演讲稿的方式开展嵌入式课程教学，为卓越工程师教育培养计划起飞打下扎实基础。②融合成长：针对硕士研究生，融入课题组的学术研讨和科研进程，以专题形式带动同学边学习边实践，掌握查找和利用文献的技巧，从而让其信息获取能力伴随科研过程共同成长，避免学过就忘的现象。③拓展提升：针对博士研究生在科研和学习中遇到的个案问题，开展"一对一"的服务，从而全面提升其信息资源的获取能力、竞争情报的分析能力等。

泛在的新型信息素养教育。在泛在信息社会的环境下，信息资源内容、信息设备、信息需求、信息行为、信息应用等莫不存在泛在性。笔者认为，在如此环境下，需要泛在的信息素养教育来实现师生信息素养的提升，包括泛在的教育方式（如"云中课堂"）和泛在的信息内容（如"精品讲座"）。

"云中课堂"以移动互联网为依托，基于学校的无线网络，通过云技术，实现信息素养课程的云端教学，是云服务与教育云（以云计算的方式来提升教育的效率和质量）的结合，体现了信息素养教育可以随处实现的特点。它将信息素养课件拆分重组，以情景模拟为主；它提出问题或者由学生自己来发现问题，并设计方案，引导学生采用多种方法、多种工具来解决问题；用户可以随时随地通过手机、平板电脑等手持终端，利用学校的高速无线网络访问云服务器，并且可以根据自己的学习目标选择喜欢的学习模式。这种方式潜移默化地提高了学生的信息意识、信息工具使用能力及信息资源分析组织评价能力，从而逐渐提升了学生的信息素养。用户在学习过程中，可以实时地与教师及其他用户进行交流，加深学习印象。

"精品讲座"则体现了高校信息素养教育内容的泛在性。例如，浙大图书馆以打造系列"精品讲座"为核心，为配合讲座举办相关的导读图书展、藏品图片展等活动来营造图书馆的文化氛围，浙大图书馆举办了"寻找失落的文明——浙江文化系列""艺术史系列""国家记忆系列""马一浮人文讲座系列"等精品讲座，吸引了大批听众的参与；通过这种系列精品讲座、文化讲堂的方式，激发师生的兴趣，进而引导师生在听完讲座之后查阅相关资源，进行延伸学习。与直接的信息素养教育授课相比，这种方式吸引了更多本科生的参与。

质量反馈及评价。在高校信息素养教育体系中，选修课程仅是其中的一项。因此，虽然考试是一种非常有效的教育评估方法，但在浙江大学的信息素养教育质量评价反馈中，它仅作为一个方面的内容。浙大图书馆的教育体系通过各类讲座、活动等非强制性方式来构建，其质量评估与反馈需要考虑较多的因素，质量评价指标包括 PPT 质量、参与人数、讲座活跃度（互动程度）、课件点击率、下载次数、用户反馈信息等，图书馆还根据质量考核小组定期考核结果，不断改进教育内容、提升教育质量、完善教育体系。

二、保障体系

高校信息素养教育的有效实施需要人力资源等的保障。浙大图书馆的信息素养教育保障体系由人员保障、宣传保障及空间保障组成。

第一，人员保障。培训人员队伍主要包括馆员讲师队伍、学生信息专员队伍、专家队伍等。

馆员讲师队伍建设是将图书馆的个人馆员选拔与青年馆员业务素养培训相结合，统一教材、统一培训，借助馆员技能比拼大赛等活动激发馆员的工作热情，择优选拔一批业务素质过硬、工作积极性高的馆员讲师队伍。

学生信息专员队伍建设则借助院系团委、学生社团等学生组织，选拔一批对图书馆工作和服务感兴趣的学生加入到学生信息专员的队伍中来，由馆员讲师对其进行定期的统一培训，并设立相应的认证；学生通过认证后方可成为信息专员，并为院、系、所的同学进行信息素养培训、图书馆业务的推荐等，特别优秀者也可被纳入到馆员讲师队伍中来。这将大大扩大图书馆业务宣传和培训的人员规模，确保将图书馆的各项业务辐射到学校师生。

专家队伍是培养高水平且与时俱进的馆员讲师的保证，其职责包括指导图书馆各层次信息素养具体教学计划及实施，负责信息素养各类课程、讲座及项目等的督导工作，旨在促进人才培养和队伍建设，提升教学水平与效果。专家队伍分为馆内专家队伍和馆外专家队伍。馆内专家队伍由图书馆咨询部、读者服务部和资源建设部负责人及具有丰富信息素养教学经验的专业馆员和学科馆员代表组成。专家组根据需求组织内部试讲，帮助主讲者改进课件及讲座质量。由主讲教师完成的课件和教学内容，必须经过专家试听这一程序，主讲教师根据专家提出的意见和建议修改课件和教学内容，由专家确定后，主讲教师才可以向读者进行宣讲。馆外专家队伍由院士、教授等组成，由图书馆聘任或临时聘请，策划主讲主题讲座，以提高学生的科学和文化素养，促进其人生发展。

第二，宣传保障。浙大图书馆成立了专门的应用与服务推介部门，指定专人负责信息素养宣传海报的设计、制作与张贴以及制作讲座所用的 PPT系列模板；指定专人根据讲座内容向不同的学科及用户（教师、博士研究生、硕士研究生、高年级本科生、新生等）进行 E-mail 主动推送、通过网站发布讲座信息；指定专人做好现场摄影等资料的收集、新闻报道工作等。这样的宣传保障机制既可以让信息素养培训人员专注于内容建设，也可以使宣传工作做得更加专业、到位，进而保证讲座成效最大化。

第三，空间保障。环境的"熏陶"对于人才的培养至关重要，好的培训环境会吸引更多师生的参与。因此，浙大图书馆除了使用各类大、中、小型会场进行信息素养培训外，还专门建设了研究空间、学习空间等，给用户提供创意性学习环境、创新的学习模式及共享的交流社区。研究空间是独立、全封闭的研讨室，每间可容纳 6～10 人，配有投影机、白板、会议桌、网络接口等，图书馆对其采用每间使用者不少于 4 人、使用时间不超过 4 小时的方式进行预约管理，可在研究空间专门对某科研课题组成员进行培训并现场演示、交流。学习空间则为用户提供了相对独立的个人学习环境，配置大屏输出设备，用户可通过有线或无线方式上网获取资源、进行自助网络学习，并在需要时求助馆员进行相关辅导。知识空间则充分满足不同专业学生对计算机软硬件的特殊要求，为学习、科研提供全面支持；计算机中预装了各种常用的软件，还安装了 NoteExpress（一种参考文献管理工具）、化学公式和数学公式编辑软件等专业化应用工具软件，用户在此可以上网、自主打印、扫描、复印，进行工具使用和信息检索咨询等。这些不同类型的空间为用户提供研究、教育及学习等活动所需的不同载体信息资源的一站式服务，提升了信息素养教育成效。

三、实践成效与延伸思考

浙大图书馆在构建高校多层次信息素养教育体系的过程中，与学校本科生院系等进行了多次意见交换，结合对国内外高校信息素养教育状况与趋势的考察，完成了《图书馆多层次信息素养教育指导体系框架与实施方案》。实施方案分层设立了面向不同用户群体的信息素养教育目标及相应的信息素养能力指导实施方案，确立了负责本科生、研究生及教学科研人员的教学工作的责任部门和协同部门及其职责和工作内容，保障了多层次信息素养教育工作的有序开展。经过几年的实践，浙大图书馆多层次信息素养教育体系取得了较好的成效，图书馆开设的各类与信息素养教育相关的教学、讲座及其他活动，得到了学校师生越来越多的关注和喜爱，如常规讲座时常爆满，师生纷纷发邮件表示感谢，认为图书馆举办的相关讲座让其受益匪浅；得到学校相关部门（包括本科生院系和大学园区）的认可，面向新生的信息素养教育方案被列入学校新生教育计划；得到浙江省高等教育教学改革项目主管部门的重视，面向卓越的嵌入式信息素养教育已被列入浙江省高等教育教学改革项目。

随着信息技术的发展与用户需求的变化，信息素养教育的内涵和外延也在不断变化。例如，当前轰轰烈烈的 MOOC 运动正在激烈地影响着全世界的高等教育模式，将会给信息素养教育带来怎样的冲击？笔者认为需要思考两方面的问题：第一，信息素养 MOOC 对图书馆馆员的冲击问题，这将与其他 MOOC 的冲击一样，且信息素养教育作为一种通识教育，更易于"MOOC 化"。然而，教师的天职是授业和解惑，MOOC 在授业方面能做得很好，但如何能保障高质量的解惑呢？且教师现场授课的与时俱进性与地域文化特性也是 MOOC 难以跟进的。第二，高校图书馆如何参与本校轰轰烈烈的 MOOC 建设？笔者认为图书馆应该从一开始就介入，在各种 MOOC 设计中嵌入信息素养教育内容，这样才能更好地实现信息素养教育的目标。

"碎片化时代"的来临极大地影响了用户的学习习惯，用户的需求也在不断地改变。人们用于学习和研究的时间被频频来袭而又无序的大量信息和包含着信息的各种事务割裂得支离破碎，越来越多的人感觉到自己的生活充满了时间碎片。针对这一挑战，高校图书馆可以将信息素养教育内容进行"碎片式信息传播"，让有需要的用户利用碎片时间进行"碎片化学习"，"云中课堂"的设计初衷即源于此。当然，"碎片式传播"并非简单地将信息素养教育碎片化，二是需要系统化的设计、布点及管理。

总之，高校信息素养教育是一个系统、复杂而又必须开展的工程，是人类适应信息社会的生存之道，是学习型、知识型社会的基础要素；高校图书馆必须对其进行系统、分层规划并积极实施，同时也必须耐心地看待效果，将其置于战略高度来对待。

第五节 信息碎片化与高校媒介素养教育体系

随着网络信息技术的快速发展，信息碎片化对大学生媒介素养产生了极大的影响。当前信息碎片化在传播平台和传播内容上呈现出多样化的特点，大学生对媒介信息的辨别能力、控制能力和运用能力方面表现出严重不足。因此，高校应该加强专业教师队伍建设，开展专业课程教学，构建有效的评价机制，从而建立一套完善的大学生媒介素养教育体系，不断提升大学生的媒介素养水平。

随着网络信息技术的发展，大学生使用媒介的人数也在不断攀升。根据中国互联网络信息中心（CNNIC）在 2018 年 3 月发布的第 41 次《中国互联网络发展状况统计报告》显示，截至 2017 年 12 月，我国网民规模达 7.72

亿，其中大专及以上学历人群占比为 20.4%。由此可以看出，大学生是信息传播过程中的一个重要群体。在信息碎片化时代，海量的信息给大学生提供了广阔的视野，同时也给他们的信息选择带来了困难。大学生的媒介素养水平还不够，他们很容易受到信息碎片化的影响。因此，高校很有必要对他们进行媒介素养的实践教育。

一、信息碎片化的内涵

从"碎片化"的字面意思可解释为一个完整的整体分裂为诸多小个体，对于信息碎片化的具体解释为完整的信息通过媒体介质的编辑和传播而形成一种零碎、散状的描述形式，使得信息、受众和媒体出现细分化现象。其具体表现在以下四个方面：

（一）信息传播平台的碎片化

在互联网平台上，我们看到越来越多的应用软件不断涌现出来，如微博、微信、今日头条、QQ 空间、百度贴吧、校园论坛等。人们在这些平台上获取信息的同时，还可以自由地表达自我和分享生活，和网络上的其他人开展互动交流。各种不同的网络平台向人们传播着不同的信息，也对应着人们不同的需求。人们的需求和时代发展紧密相关，当社会不断向前发展，人们的需求也会随之发生变化，网络平台为了更好地满足人们的各种需求，会衍生出更多的个性化产品，从而使得信息平台呈现出碎片化特征。

（二）信息受众阅读的碎片化

在网络信息快速发展的社会，人们时刻面对着大量信息。随着现代生活节奏的不断加快，人们的时间和精力也有限，他们不可能像阅读报刊那样集中所有注意力来获取信息。对于日常的海量信息，人们会有选择性地去阅读，且在信息的阅读上都是快速浏览，不会花费过多的时间来停留。网络信息在不断地更新，人们想要掌握当前发生的重要信息，其阅读方式也得随之改变，即利用有限的时间进行快速阅读，这使得人们的阅读呈现出碎片化趋势。

（三）信息传播内容的碎片化

在网络信息时代，信息传播内容比较简短，不用大量的篇幅对事件发生的原因、过程和结尾进行描述，这使得内容不具有完整性而呈现碎片化。信息传播内容复杂多样，每个人都可以利用互联网自由地记录与分享信息，这些信息纷繁杂乱地分布着，通过碎片信息的大量积累和叠加而形成一个非常庞大的碎片信息网络系统。这些碎片信息在传播的过程中，呈现出非线性的裂变传播模式，在这种模式下信息传播会越来越快，传播范围也会更广，信息内容在传播时会经过人们再次编辑转载而发生异变，形成新的信息。

（四）信息传播主体的碎片化

在移动互联网时代，人们更倾向于通过网络来表达自己的观点和生活态度，网络给予了他们更多的媒体话语权，传播主体的地位被打破，人人都可以成为网络信息传播的主体。在信息传播的过程中，人们可以是信息的发布者，也可以是信息的接受者，这种开放式的传播结构使得信息朝扁平化发展，传播主体呈碎片化分布，越来越多的人加入到传播主体这一行列。

二、大学生媒介素养的内涵与组成

（一）媒介素养的内涵

1933 年，英国学者利伟斯和汤普森在 *Culture and Environment: The Training of Critical Awareness*（《文化与环境：培养批判意识》）中最早提出媒介素养的概念。文中对媒介素养作了相关阐释，并指出，要不断提高社会成员的媒介素养，以抵抗大众传媒流行文化产生的消极影响，从而更好地维护其精英文化。经过多年的发展，各种信息媒体层出不穷，媒介素养也在不断延伸，其内涵也更加丰富。各个学者对于媒介素养有着不同的定义，但大体上对于媒介素养有着一个共同的认识，即媒介素养就是公众对各种媒介信息的解读和批判能力。当社会成员拥有这种能力时，他们就能对各种媒介信息进行有效处理，并从中获得所需要的信息资源，从而让自己在信息社会中可以更好地生活。

（二）大学生媒介素养的组成

前面已经对媒介素养的内涵进行了概述，大学生媒介素养的组成则是指大学生可以正确使用各种媒介，对媒介信息的价值意义有自己的判断，并能有效利用媒介的各种能力。在网络信息快速发展的今天，大学生媒介素养的组成包括以下几个方面：

媒介认知能力。媒介认知能力就是大学生可以全面认识媒介，了解媒介的相关基础知识，懂得正确使用媒介的技能，熟悉媒介的道德行为规范，清楚媒介的信息传播模式。媒介认知是网络信息时代大学生应具备的基本媒介素养。媒介认知要求大学生严格遵守相应的媒介道德规范，约束自己的媒介行为，不传播各种虚假垃圾信息，提高自身的媒介道德意识，有效利用媒介来服务自身、他人、集体和社会的发展，这也是大学生媒介素养教育的重要内容。

媒介解读能力。媒介解读能力就是大学生对于媒介信息应该进行批判性的接受。媒介解读要求大学生可以客观公正地看待媒介的特性，对媒介信息的意义做出合理准确的价值分析，并对一些不合时宜的信息进行及时处理。这些对大学生的媒介识别和选择能力做出了较高的要求，使他们能在复杂多样的媒介中做出正确选择，快速地搜寻到对自己有益的媒介信息。

媒介运用能力。媒介运用能力就是大学生在全面认识媒介的基础上,能够从媒介信息中快速寻找到有利于自身学习和生活的有用信息,并运用媒介使自己不断成长。媒介给予了大学生一个很好的学习平台,他们可以通过网络媒介来认识新事物和新知识,并根据自己的成长需求有效运用媒介展开创造性学习,在媒介学习中不断地发展与完善自己。

三、信息碎片化背景下大学生媒介素养存在的主要问题

（一）大学生对于媒介信息的辨别能力尚不足

随着网络媒体技术的快速发展,一些不良信息经过媒介的多次传播之后,会让人产生一种亦假亦真的效果,从而给人们造成巨大的困惑。当前大学生的思维辨别能力还不太成熟,他们无法区分媒介打造的"拟态世界"和客观现实世界,有时会把媒介视野所营造的"拟态世界"看作是客观现实世界,从而被虚拟的假象所蒙蔽。根据调查显示,有80%以上的学生不会对信息的真伪展开辨别分析,仅有不足 20%的学生会对信息进行认真的过滤分析。由此可以看出,大学生对于媒介信息的辨别能力还不足,因此,当一些虚假垃圾信息涌入时,他们难以辨别其中的真假而接受此信息,从而对他们的思想观念和价值判断产生严重冲击。很多大学生对媒介信息保持着很高的信任度,他们会经常浏览媒介信息并从中来获取自己所需的信息,但对于媒体所提供信息的真实性,他们却很少进行思考和分析判断。

（二）大学生对于媒介信息的自控能力还较弱

在信息时代,大学生会面对海量的信息资源,这些信息资源会深深地吸引他们,一些自制力较差的大学生可能就会深陷其中,难以自拔。媒介平台

营造了一个信息传播的广阔空间，深受广大学生的喜欢，他们当中有些人可能会过度地沉迷于媒介信息。根据调查显示，有 92.35%的大学生在上课途中会悄悄地利用媒介浏览其他信息。丰富多彩的媒介信息和枯燥乏味的课程学习形成了鲜明的对比，很多大学生管控不住自己而去媒介信息中寻找碎片化知识，这会严重影响到他们的学习效果。

（三）大学生有效运用媒介的能力还不强

在信息快速发展的时代，如何高效获取自己所需要的信息是大学生应该具备的一项非常重要的能力。大学生应该熟知媒介信息的特性和传播规律，充分利用媒介平台获取有效信息，增加自己的知识信息储备，借助媒介信息来不断地完善自我，实现自身的创新发展。从大学生获取信息的方式来看，他们很多时候对于信息都是被动地接受，对这些被动接收的信息也不会进行理性的判断和思考。有调查显示，大学生运用媒介的目的，首先是获取信息，其次是交流互动和娱乐八卦，最后才是专业学习。这从侧面反映出了大学生运用媒介的娱乐性，他们很少将媒介作为学习平台来拓宽自己的专业知识。

四、信息碎片化背景下大学生媒介素养教育体系的构建

大学生媒介素养教育就是培养大学生对媒介的认知，包括媒介信息的处理、媒介真假的识别和媒介的道德法律意识。在信息碎片化背景下，大学生媒介素养受到了严重的影响。因此，要科学构建大学生媒介素养教育体系，引导大学生正确规范地使用媒介，提升大学生的媒介素养水平。

（一）加强高校媒介素养教师队伍的建设

媒介素养教师队伍负责大学生的媒介素养教育，在一定程度上决定着大学生媒介素养教育的教学质量。媒介素养教育涉及多学科的交叉融合，所以教师不仅要懂得新闻学和传播学媒介素养的专业基础知识，还要了解教育学和社会学相关的基础知识。在信息碎片化时代，高校应该与时俱进，通过多种形式开展媒介素养教师队伍的业务培训和技能培养，提高教师的媒介素养水平，增强他们对于媒介信息的特性、功能和传播的认识，从而打造一支高标准的专业化教师队伍。高校只有拥有良好的媒介素养教师队伍，才能在教学实践中给予大学生高质量的专业化教育，引导他们正确对待媒介信息，从而提升他们的媒介素养水平。

（二）开展大学生媒介素养教育的教学课程

媒介素养是信息碎片化时代大学生必须具备的一项能力，将媒介素养教育纳入大学教学课程体系是时代发展的客观要求，也是提高大学生媒介素养最行之有效的方法之一。一些发达国家很早就进行了大学生媒介素养教育的试点，并在大学的日常教学课程中开展了专业的媒介素养教育。当前，高校应该尽快完善媒介素养教育课程体系，根据不同年级学生的教学要求，安排不同的媒介素养教育课程内容，让大学生对媒介有一个全面系统的认识，提升他们利用媒介的技能和对媒介信息的辨别能力。对于媒介素养教育课程内容的安排应该具有针对性，采用循序渐进的教学原则，重点解决大学生在日常学习生活中遇到的媒介问题，统筹规划媒介素养教育发展的新方向。

（三）构建大学生媒介素养教育的有效评价机制

科学有效的媒介素养评价机制可以对大学生媒介素养教育的实施情况

进行评估考察，是媒介素养教育顺利进行的重要保障。媒介素养教育评价机制要综合考虑各方面的要素，其评价内容和标准要紧跟网络信息的发展和高校人才培养的模式而不断做出调整。对此，高校应该尽快落实大学生媒介素养教育的有效评价机制，将大学生在平时学习生活中的媒介道德、媒介理论基础知识、媒介实践操作能力以及教师队伍的培训等多方面要素作为评价的内容，对媒介素养教育的过程和效果进行评价，并把最后的评价意见进行汇总分析及反馈，从而对大学生媒介素养教育情况进行有效的把控、调节。

第七章 高校信息素养教育
改革研究

第一节 大数据高校信息素养教育

本文对大数据在高校教育改革的基本应用方向做出分析，明确高校数据素养教育目标定位和应达到的准则。从教育主体、教学内容和教学平台三个方面探讨适合高校建立起数据素养教育体系的方式方法，希望能为我国高校数据素养教育教学改革带来帮助。就目前我国高校数据素养教育现状而言，数据素养教育体系的构建还必须从教育主体、教学内容和教学平台三个方面进行综合设计。

一、打造优秀的数据素养教育团队

高校要从多方面逐步建立起数据素养教育体系，第一步营造和培养数据素养教育的氛围，运用一切方法将学科教学单位和学校内外其他社会组织的作用调动起来。把数据传播和服务机构放在数据素养教育团队中较为核心的位置并充分发挥其独特的优势，集中调配必需的资源，用合理的眼光看待其职能定位，这有助于降低高校数据素养教育的操作难度，大大提高行动的效率和目的性。

图书馆虽然是每个高校的基础设施，但其同时也是数据传播和服务机构。在高校开展数据素养教育时，图书馆可以用丰富的数字资源、馆藏文献，完善的硬件设施以及专业的数据服务团队为高校提供丰富的物质以及人才资源。

以上将高校图书馆这类数据传播和服务机构作为数据素养教育团队的核心只是措施之一，高校还应该把大学生数据素养教育细化到学科，有针对性地提高学科专题数据素养教育的团队建设力度。实际上，一些西方大学在这方面的意识要领先于我国高校，已经开始培养学科专题数据管理相关的人才，并且专题团队也已经组建。

二、设置科学的数据素养教育课程群

课程群是围绕同一门课程展开，以一门课程为主，其他相关的专业为辅，整合并且重新设计的课程。课程群就是删除重复多余的部分，把多门课程的内在逻辑联系起来形成一个无缝衔接、互相配合，结构清晰层次分明的课程群体。课程的质量将在很大程度上影响高校数据素养教育的质量；重新设计出来的课程，其逻辑关系严谨程度、内容合理程度都会直接影响数据教育素养的成果。近几年，大学生数据素养教育这门课程已经在部分大学设立，但有两点限制了其发展，一是课程内容不够丰富；二是教学方法相较于当今大数据的发展水平落后了很长一段距离，没有确立究竟怎样的方法更适合进行数据素养教育。想要建立起数据素养教育体系，一定要注重课程设计，丰富课程内容，改善教学方法和手段，坚持课程群建设。这对于全面优化数据素养教育，保证教育可持续发展，具有重要意义。

数据素养教育课程群想要建设好不是一蹴而就的。课程群的建设十分复杂，第一，不能脱离传统课程教学的基本原则和本质，第二，要填补大数据应用背景下具备较高数据素质的人才缺口，最重要的是课程设计环节，一定要建立起内容多样、结构合理并与学科建设融合互补的多体系课程群。

首先，要围绕数据素养结构及其要求，从数据意识、数据获取、数据处理、数据评估、数据决策能力的培养方面着手展开课程设计。大致可分三个层次，即大数据思维培育的"理念教育课程群"、大数据技术与应用能力培训的"技能教育课程群"和大数据实战水平提升的"实践教育课程群"。

其次，数据素养教育课程体系的设置需要具有一定的针对性，区别于不同专业学科的特质，凸显课程的专业型特色和学科方向特色，正确引导学生的自我成长，将学科培养框架和大数据相关内容融合，将学科建设的教育作用发挥到极致。

最后，要将具有教育价值，能够帮助开展教育活动和达成教育目的等一切有益于数据素养教育的资源集中起来进行合理分配，提高资源利用率，避免资源浪费。

数据素养教育课程资源的构成复杂而又广泛，如校内课程资源、校外课程资源、有形的组织化课程资源、无形的数字化课程资源、政府推动的大数据技术研究中心和民间组织筹划的商业应用数据库等。合理集中调配教育资源能够有效扩大数据教育课程教学的影响范围并且大大提高教学效率，这对于数据素养教育来说十分重要。

三、建立高校大数据应用平台

合理利用云技术建立平台。云计算技术的发展为信息传播带来了许多新可能，以"融合、共享、交互和效率"为主旨的"云平台"就是将云技术作为基础的信息共享新机制，"云平台"凸显了现代信息传播的新理念，包含了未来媒介深度融合、知识共享以及树立绿色网络传播生态环境等重要命题的新研究。云资源应用平台表面上看与数据素养教育并无关联，但实际上高校建立的应用平台以后可以让学生更切实地体会到数据素养教育。"云平台"打破了传统大学的教育体系，在校内营造出良好的"大数据氛围"。大学生可以从使用平台的经历中感受到大数据的魅力，并且在利用数据资源的过程中不知不觉地在各方面得到提升。最后，"云平台"能够让学生实时了解大数据的最新动态，培养学生不甘落后的紧迫感和投身发展的责任感。

建立大数据收集和分析实验室。当前数据素养实训的潮流是有针对性地建立不同学科和不同水平的大数据实验室。以美国加州大学伯克利分校图书馆为例，这所高校的图书馆把建立专题研究大数据实验室作为服务革新战略的重心，具体措施是以学生的需求为基础，在某一时间范围内，为学生项目研究提供图书馆数据的技术设备，提高研究效率，并改善研究环境。

随着计算机网络信息技术的不断发展，高速的网络信息化技术也将应用于实际教学中，而这些系统的应用离不开技术的升级，但同时也要注意其使用者自身信息素质的提升，只有积极地提升学生的信息素质才能帮助学生更好地掌握相关知识，使其具备利用此类系统进行学习及数据收集的能力，因此高校应当注重学生的相关素质的培养，提升学生的综合素质。

第二节 新媒体环境下高校信息素养教育

随着新媒体与人们生活的深度融合，新媒体在经济、金融、教育等多个领域影响着人们，大数据、"互联网+"、云计算和智能化的新媒体已渗透到各个领域，这对高校学生结合自身专业利用、分析、解决各类问题提出了新的挑战，提高学生信息素养能力已经成为高校的一个重要任务。在新媒体环境下，我国高校应该充分利用新媒体资源，在制定统一的评价标准、多种教学工具相结合、加强专业教师和学科馆员的合作等方面进行学生信息素养教育，打造良好的高校信息素养教育生态系统。

一、新媒体环境下信息素养的内涵

（一）新媒体的内涵

新媒体，即在新技术支撑下出现的数字媒体形态，是信息的储存、处理、传递和交换，以实现人们之间的自由交流，包括社交媒体、移动媒体、数字媒体、即时通信、智能手机、网络电视、数字杂志和电子书等不同的媒体业态。新媒体种类繁多，可以分为移动新媒体、网络新媒体和数字新媒体。移动新媒体以无线网络为传播途径，主要包括手机媒体、平板电脑等，其中移动社交媒体、移动新闻客户端应用较多；网络新媒体，是指以互联网为媒介，通过文字、图片、视频等形式进行传播，主要包括门户网站、微博、微信、社交媒体等；数字新媒体，主要包括网络视频、数字电视、网络游戏等。

新媒体以其移动化、互动化、个性化的发展趋势，不断改变着人们的生活方式。随着新媒体与人们生活的深度融合，新媒体不仅带动了信息消费、教育、电子商务、娱乐等多个行业的快速发展，还通过电子政务、O2O、移动教育、在线购物、移动医疗等模式，在经济、教育等多个领域影响着人们，大数据、"互联网+"、云计算和智能化的新媒体已渗透到各个领域，这对人们感知新媒体、利用新媒体提出了更多的挑战；同时，新媒体也成为促进我国社会发展的重要引擎。

（二）信息素养的内涵

信息素养的内涵随着时代的进步而不断深化。信息素养的概念最早是由美国信息产业协会主席 Paul Zurkowski 在 1974 年提出的，即"信息素养是人们在解决问题时利用信息的技术和能力"。2015 年美国大学与研究图书馆协会（ACRL）给出了最新、最权威的定义，即信息素养是包括发现信息、理解信息和价值、使用信息创造新知识和参与社群学习的综合能力集合。后来，T.P.Mackey 等在信息素养的基础上提出元素养的概念，认为元素养是指在 Web2.0 的环境下，通过社交媒体进行信息分析、生产和共享的信息整合能力。在 Web2.0 环境下的信息素养指的是识别自身的需求，利用 Web2.0环境中的多种新媒体资源，进行信息的获取、评价、分析、使用，能够将所获取的信息整合到自身的知识体系中，并形成新的信息资源。这些概念的提出对高校学生在新媒体环境下结合自身专业所具有的数据挖掘、分析、应用能力提出了新的要求。

信息素养是新媒体时代的人才特征，一个人的学习能力、工作能力和生活能力，在信息社会的生产、科研和社会交往中的表现差异，都与对信息工具的掌握程度和使用能力关系密切。国家开展信息教育、提高信息素养已成为当今世界教育改革的必然趋势和重大课题，信息素养成了全球关注的话题。

（三）新媒体环境下高校信息素养教育的意义

随着移动互联网、云计算和物联网的快速发展，人类发展已经进入新媒体时代，世界各国都已经充分认识到信息素养对个人、国家的重要意义。随着计算机和网络技术的发展，信息资源数量迅速膨胀，信息的更新速度成倍增长，信息载体和获取信息的渠道也变得更加多样。信息现已成为继土地、资本、能源之后的又一重要资源，推动着人类社会历史的发展。信息社会知识数量多、更新快，信息社会对人才的综合素质提出了更高的要求，高校学生要在这个新媒体环境下生存发展，成为具有创新精神和实践能力的人才，就必须把信息素养作为重要的环节进行培养。《国家中长期教育改革和发展规划纲要（2010－2020 年）》中指出，高校学生信息素养是社会发展的动力，因此，充分利用大数据技术深度挖掘和分析海量的数据信息逐渐成为信息素养教育发展的重要途径，基于此，探讨高校培养大学生信息素养的模式和方法具有十分重要的意义。新媒体时代，高校学生接受信息的特点是主体性和从众性、选择性和盲目性、批判性和逆反性。对此，高校应从树立信息素养观念、开设信息素养课程、利用网络媒体空间等方面，健全专业化信息素养教育体系，打造良好的高校信息素养生态系统，全面提升新媒体环境下高校学生的信息素养能力。

二、新媒体环境下国内高校信息素养教育现状分析

考虑到国内教育资源在地区间分配不均衡的现状，笔者选取了不同地区的三所高校，就高校信息素养教育现状进行分析，这三所高校分别是北京大学、吉林大学、塔里木大学。三所高校的图书馆都是中国 CALIS 联盟的成员。CALIS 是中国高等教育文献保障系统（China Academic Library &

Information System，简称 CALIS），是经国务院批准的我国高等教育"211工程""九五""十五"总体规划中三个公共服务体系之一，旨在建设以中国高等教育数字图书馆为核心的教育文献联合保障体系，实现信息资源共建、共知、共享，以发挥最大的社会效益和经济效益，为中国的高等教育服务，CALIS 下设一个管理中心和七个地区中心。

（一）北京大学信息素养教育情况

北京大学信息素养教育包括讲座、专场讲座、信息素养课。讲座主要包括资源使用篇和应用篇。资源使用篇包括电子资源使用入门（人文社科/理工类）、引文数据库 SCI 以及工程索引 EI 介绍、常用全文数据库介绍、中文电子期刊库介绍、常用西文电子期刊库介绍（人文社科/理工类）等。应用篇包括 Microsoft Excel 使用技巧、Photoshop 使用技巧及应用案例、办公绘图软件 Visio 使用技巧、数据统计分析软件 SPSS 入门、文献管理软件介绍、笔记类软件与学术写作。专场讲座主要包括学科资源专场篇和课程辅助篇。学科资源专场篇包括介绍学科电子资源的种类、数量、用法，如何利用电子资源进行学科学术论文写作以及学科科研活动等。课程辅助篇指的是在文科教师开设的任何一门课上，留出 1~2 次课的时间，由图书馆馆员介绍和这门课相关的电子资源的种类、数量和使用。信息素养课包括电子资源的检索与利用、信息素养概论、数字图书馆资源检索。北京大学信息素养教育侧重树立学术诚信的意识，要求学生了解和较为熟练地掌握各类数据库、电子期刊、电子图书、报纸、多媒体数据库的检索、浏览和使用方法，让学生充分掌握在网上查找知识并应用、管理知识的技能。从整体上来看，北京大学侧重培养的是学生的通识信息素养，即获取需要的信息，进行评估及简单处理再利用的能力，而不侧重培养进行科研工作的信息素养。

（二）吉林大学信息素养教育情况

吉林大学信息素养教育是通过教学培训和学科服务进行的。教学培训的形式主要是讲座和选修课。学科服务的形式是由图书馆学科馆员为对口的学科师生提供信息服务，为对口院系师生提供利用图书馆资源的指导和培训，包括介绍图书馆各种载体的本学科资源的专题讲座。吉林大学从2015年开始打造"信息素养教育课程"的常态化和多元化，比如，如何利用 CNKI E-learning 管理中文文献及辅助论文写作，如何在科研工作中进行参考文献的管理。吉林大学图书馆还针对不同的学科开展了和该领域相结合的信息素养讲座，比如工科资源检索与全文获取、EI Compendex（工程检索网络版）的检索与利用、PHMC 医学数据库的检索与利用、解剖学数据库的使用方法。这种方式深受各个学科领域的师生欢迎。从教学培训和学科服务这两方面综合来看，吉林大学的信息素养教育侧重培养学生信息获取、信息使用的能力，而不重点培养学生信息评估、信息创造的能力。

（三）塔里木大学信息素养教育情况

塔里木大学信息素养教育的教学内容分为两部分。一部分是讲座，讲座内容包括中文、外文数据库的检索策略等；另一部分是塔里木大学的信息素养培养特色，即基于本科生毕业论文写作指导的信息素养培养模式。基于本科生毕业论文写作指导的信息素养培养模式主要针对本科高年级学生。在学生确定毕业论文的研究方向后，馆员开设学科信息素养课程。在教学过程中，馆员通过分析学生所选的课题，讲授本学科的专业数据库与参考工具书的检索与利用，使学生获得获取信息的基本技能，初步掌握查找学科专业信息资源的方法；在获得信息资料之后，引导学生筛选和评价所获取的信息资料，提取有用的信息内容，并进行创新，形成自己的研究成果。同时，馆员要讲授参考文献的引用、学科学术论文写作等知识，指导学生完成毕业论文的写作。显然，塔里木大学重点培养学生的信息获取、信息使用、信息评价和信息创造四方面的能力。但是目前受限于图书馆学科馆员对于学科专业知识的了解程度，学科馆员指导的内容和学科结合还不够紧密，这一模式仍在探索阶段。此外，这种方式只针对高年级学生，对于低年级学生的信息素养培养没有涉及，这就导致了该校对学生信息素养培养的覆盖范围有很大的局限性。

三、国内高校信息素养教育存在的问题

国内高校由于资源的限制，在信息创造的重要性、专业领域的科研等方面还需要加强信息素养教育，特别是在新媒体环境下，利用新工具、新技术、新手段，全面提升信息素养教育质量。新媒体环境下国内高校信息素养培养存在以下几个问题：第一，高校对于图书馆所拥有的新媒体资源利用不够充分，造成了资源的浪费；第二，高校信息素养缺乏统一的评价标准框架，各个地区都没有统一的评价标准框架来依照；第三，高校图书馆学科馆员和专业课教师的合作不足，导致学科馆员不能清楚了解学科专业的学生需要什么样的信息素养课程，不能对症下药为学生授课；第四，高校应用新媒体工具进行教学的尝试较少，教学方式仍然以传统教师讲、学生听的方式为主，教师授课负担重，学生听课兴趣不高。

四、新媒体环境下高校信息素养教育建议

针对国内高校在信息素养教育方面存在的问题，笔者提出以下几点建议：

（一）图书馆应充分利用大数据资源

图书馆应该充分利用读者访问图书馆资源时留下的海量信息行为数据，比如读者查询书目时产生的查询日志、借还书时产生的流通日志、下载期刊论文时产生的日志。图书馆应该对这些信息进行充分的挖掘，为用户提供人性化、差异化的服务，为不同能力的学生提供定制化信息素养教育服务。

（二）建立起统一规范的评价标准框架

全国应该建立统一规范的框架，作为各个地区信息素养教育的参考。鉴于我国各地区教育资源不均衡的现状，各地区应该因地制宜，结合本地的资源，在统一框架的基础上，建立本地区的信息素养教育标准细则，只有这样才能让教师有的放矢地制定教学方案，实施教学计划，也才能让教学成果得到更准确的考评。

（三）在教学过程中注重使用新媒体工具，加强师生间的交互性

如使用 Spring Share 公司开发的 Lib Guides 内容管理与图书馆知识分享系统。该软件较为显著的 Web 2.0 特色为多媒体资源、RSS、互动投票、资源凭借、评论、馆员特征显示栏。馆员可以将自己教授的所有课程制作成专门的课程指南，上课时学生打开 Lib Guides 即可浏览馆员的教学内容；课后，学生可以对馆员的教学进行评分，这样能充分调动学科馆员和学生的教学和学习的兴趣，达到教学相长的目的。此外，还有 Blackboard、E-Portfolio 等软件也可以在教学过程中使用。

（四）加强学科教师和图书馆的学科馆员之间的合作

制定学科馆员和专业课教师合作的准则，准则中应明确规定专业课教师和学科馆员应该如何配合进行信息素养教育，比如如何确定教学目的、如

何安排教学计划、如何具体操作、期末结业如何进行评价。只有通过这样的指导性的细则，学科馆员和专业课教师才能够重视合作，知道如何去实施嵌入式信息素养教学，从而加强合作。此外，还可以举办信息素养的嵌入式教学大赛，激发教师探索新方法、新模式的积极性。

第三节 高校信息素养教育
"分阶段教学"

一、高校信息素养教育的现有模式

经过多年的实践，各高校围绕着信息素养教育取得了巨大的成绩，也总结出了许多有效的模式。具有代表性的上海交通大学图书馆采用了学科化服务的 IC2 创新服务模式，对信息素养教育进行拓展与创新；南京邮电大学图书馆采用了基于创新能力培养的学科整合教育模式与渗透教育模式；广东医学院图书馆采用了竞赛模式；东北大学与中山大学合作提出了松散合作模式；信阳师范学院图书馆提出了"信息需求层次""信息社会""信息人"等几个新模式。

上述模式都是各高校图书馆经过多年的实践与探讨后形成的，已经被证明具有很强的实用性与有效性。随着这些信息素养教育的展开，大学生的信息意识、信息能力有所提高，在学习、研究与将来的工作中体现出更好的综合素质。

二、信息素养教育的"分阶段教学"模式

（一）"分阶段教学"模式的提出

笔者曾针对武昌工学院的各年级学生做过关于信息素养的调查。结果显示，学生对身边与自身学习生活相关的信息最为敏感，信息获取的方式以网络搜索为主，检索方式绝大部分偏向于一框式检索。这说明学生的信息素养停留在一目了然式的简单检索，并不加以深层的分析与筛选，也没有复杂的任务需要完成。针对绝大多数学生信息素养的现实表现，对学生开展信息素养教育，其手段应该更加具有针对性，从他们身边关心的主题入手，从简单的信息需求的满足开始，逐级进化、层层加深信息技能与思想的形成。

在针对参加过信息检索课的学生的调查中发现，他们对开课时间的意愿更倾向于大一，显然通过信息检索课的学习，学生对课程内容的实用性和有效性是相当肯定的，他们希望信息检索的技巧能伴随整个大学生涯，同时对后期毕业论文设计的检索培训也十分期待，这说明学生在大学期间不同阶段都有信息需求，单单通过一种教育方式无法满足。针对教育对象的不同，信息素养教育应该分出层次，阶段性培养。

基于上述这些要求，武昌工学院图书馆提出了针对学生信息素养教育的"分阶段教学"模式。

（二）"分阶段教学"模式的构建

"分阶段教学"信息素养教育模式是基于学生对信息需求的不同层次提出的，它将学生的整个大学生涯视为一个整体，把大学期间的信息需求分为三个层次：基础普及阶段、深入提升阶段、针对扩展阶段。

1.基础普及阶段

对新生的教育决定了他们日后在大学的学习和生活走向，对他们的人生观、价值观都有着深远的影响。因此，对新生的教育应该不遗余力，利用一切可利用的资源，方法也应多样化。

（1）针对新生印制图书馆宣传手册或者宣传单。针对每个新生印制一本图书馆实用手册，涵盖初次走进图书馆需要了解的最基本的信息。首先介绍图书馆概况，包括机构设置、开馆时间、文献馆舍分布、馆员介绍等；再介绍图书馆的资源，包括各种纸质图书、期刊、报纸、电子资源及特色馆藏等；还要介绍图书馆的服务与规章制度，包括借阅服务、信息咨询服务与其他特色服务，借阅规则、使用注意事项与联络方式，等等。

手册应该易于长期保存，学生可以反复查阅。需要注意的是，手册的编制应新颖美观、一目了然，涵盖最基本的信息即可，不能写得过于详细、专业术语过多，无形中增加学生走进图书馆的障碍。手册包含的信息是即时的、最新的，因此手册每年的更新与调整必不可少。

（2）入馆教育讲座。每年组织大一学生参加针对全体新生的入馆知识讲座，这也是图书馆工作人员第一次与新生交流，图书馆各岗位的工作人员都可以参与讲座，分别介绍图书馆的基本概况、馆藏资源、借阅规则与注意事项。讲座均采用多媒体教学方式，时间一般在 1 小时左右，并加入现场演示与解答学生提问的环节，力求给学生准确的示范。

图书馆使用手册一般在讲座时一同发出，学生在翻阅的同时，又听了教师的讲解，能够加深理解。因此，针对新生的入馆知识讲座，手册上已有明确内容的都作简单讲解，详细讲解的重点放在一些学生不容易理解的或者还未接触过的内容上，对规章制度中的注意事项也要反复强调。

（3）实地参观讲解。带领学生实地讲解，是增强学生利用图书馆资源效果的好方法。武昌工学院会组织新生跟着工作人员进入图书馆，边走边听讲解，遇到不理解的问题随时提出，并随即获得解答，就像是行走中的讲座，灵活实用，效果也很突出。这种方法最容易消除新生对陌生环境的不适应感，短时间内就使他们对图书馆熟悉起来，也拉近了他们与工作人员之间的距离。检索方法的实际操作演示效果也很好，馆员锁定一个主题，告诉学生如何找到相关的书籍、如何进入数据库、如何选择检索路径等，有条件时还可以让学生自己操作，这样效率就能得到更大的提高了。

需要说明的是，实地讲解对图书馆场地的要求较高，对工作人员的工作量也是一个挑战，同时还要注意现场秩序的维护和调整。由于手段灵活，过程的控制程度会使得效果千差万别，因此，可能对工作人员的要求更高，准备工作也要求更充分，目前还没有实现每位新生都能实地参观。

2.深入提升阶段

文献信息检索课程的开设是为了培养学生更多的情报意识，掌握获取信息的方法。对需要进一步提升自己的同学，加深了解自己的专业及相关的专业文献和信息，学会掌握常用的检索工具及各类数据库的使用方法，掌握网上信息检索的原理和技巧，懂得如何获取与利用文献资源，有目的、有意识地对信息进行加工整理，从而提高自己的自学能力和研究能力。这对学生将来在校园内的学习以及走上社会之后工作中的学习都能起到良好的指导作用。

文献检索课程的讲授过程就是一个深入介绍图书馆的使用、各类信息资源及其使用方法，培养学生钻研知识、探究问题的能力的过程；传授方法、培养能力是这门课程注重的地方。对教师而言，充分调动学生的积极性和主动性，打破学生被动学习应付考试的习惯，让他们养成主动探究的学习和思考方式非常重要，这对教师本身而言，可以说也是一种锻炼和提高。

（1）多媒体教学。信息检索课是一门方法课，存在着大量的演示与示范，武昌工学院所有的信息检索课程全部在机房完成，给多媒体教学提供了很好的条件。

关于基本概念、基本原理，通过 PPT 课件就可以完成教学。比如，信息素质的介绍、图书馆基本功能与借阅规则、信息检索概述、参考工具书的介绍、专利制度的介绍、科技查新与文献综述等，这些内容并不复杂，学生根据教师的讲解结合教材完全可以掌握。

关于图书馆的介绍，武昌工学院采用了播放视频电教片的形式，选取了几所世界著名图书馆与学生身边的图书馆作为对象进行介绍，让学生身临其境，对图书馆的建筑特色、书库分布、传奇故事、历史人物都有了深刻的理解，让学生喜欢图书馆、向往图书馆。

在讲授方法、操作技巧的内容上，比如中英文数据库的检索、网络搜索引擎的使用、论文的写作技巧与排版、科技查新与文献综述等，将操作过程直接演示给学生，通过教师机联网，与学生机实现屏幕广播式的讲述。这样的方法非常有效，学生在看完教师的演示之后，对检索操作有了初步掌握。

（2）图书馆实践。针对学生不同阶段的特点，馆员对实践活动也会有不同的设计。

在教学初期，馆员带领学生到图书馆是非常必要的实践活动。很多学生还没有养成经常去图书馆的习惯，对图书馆的书库分布、借阅规则、查询途径都不熟悉。带他们到图书馆，设计专门的实践活动，比如查找书目、图书上架、图书信息摘录等，能够让他们对图书馆借阅流程有一个全面的了解。

在教学过程中，笔者发现学生对事实数据的查找主要依赖于网络，忽视了对图书馆现有参考工具书的查找。因此，为了强化对专业的检索工具书的利用，馆员应专门设计一系列实践活动，并通过学生之间的交流，达到熟悉、掌握的目的。

通过该实践活动，学生必须上图书馆查找专业检索工具书，以达到对事实数据的检索，并在课堂上向同学们作公开讲述，讲述查找过程、检索经验与有趣的新知识。通过一系列的对比与交流，学生之间逐渐积累起对工具书查找与图书馆使用的经验，而他们查找的新知识、新数据，可以作为以班级为单位的数据库供将来论文写作时使用。

（3）学生互动交流。学生之间的交流对于这门实践课程来讲相当重要。不管是检索结果本身还是检索过程，或者是检索的技巧与方法，学生之间多多交流、相互学习，都有助于学生检索技巧的提升，也有助于其拓宽知识面。

这种形式是对平时学生所学检索知识与技巧的一次考验，学生不仅要了解知识、学会检索，更重要的是总结经验与技巧，把整个过程融入到丰富多彩的信息之中，通过多种形式表述出来。通过这样的锻炼，学生所掌握的检索知识成了自身的一种技能，助益于他们将来的学习、生活与工作，使学生自己成为最大的受益人。

（4）上机实践。信息技术和网络的发展如此迅猛，学生如果不能熟练掌握计算机知识、网络运用知识和检索技巧，将极大地妨碍学生的学习进程，甚至会影响与他人的交流和沟通。因此，要尽量在信息检索课上就所学的知识进行大量的实践。

通过上机实践，学生不仅可以熟悉大量的数据库，掌握数据库的检索技巧，还可以通过网络信息的检索，形成自己的一套检索经验，这种经验将在他们今后多年的学习和生活中发挥潜移默化的作用。这些实践包括以下内容：各种馆藏目录的使用练习，网络搜索引擎的使用练习，国内期刊数据库的使用练习，各类政府网站数据发布平台的操作练习，国外主要检索工具及数据库包括 EI 数据库、SDOS 数据库、Science Online、美国 ACM 数据库、WorldCat 和 IEEE/IET Electronic Library 数据库等的使用方法练习。网络资源的使用包括如何获取专利文献、会议信息、标准信息和科技报告信息；综合课题检索指学生根据个人的研究兴趣自行制定练习内容，上交检索报告；通过一系列的上机实践，学生们对数据库的使用、网络资源的利用，有了深入的理解和掌握，学会了有针对性地、有效率地进行检索，并初步学会了对现有资源进行编辑与整合，为将来论文写作与专题研究打下了良好的基础。

3.针对扩展阶段

随着学生在大学的学习进入到毕业阶段，毕业论文设计成为学生最关注的问题。毕业论文不同于一般的学科论文，它具有一定的研究性和学术性，是本科生经过四年学习之后对专业问题的思考与探讨，对其专业方面的学术水平、论文写作方面的写作水平都有一定程度的要求，这也对信息素质的教育工作提出了更高的要求。

针对需要解决的各种问题，图书馆应开展专门的毕业生论文写作指导，指导内容包括：论文结构与格式要求、论文选题技巧、研究计划与成本控制、从问题到论点再到论述、资料查找与评价、论文写作技巧、文献综述的写作与检索、参考资料的使用与著录规范等。

指导的形式以讲座为主。该讲座是定期的、循环的讲座，针对所有系部参与毕业生论文设计的同学。讲座一般需要多个课时，特别是针对没有选修信息检索课的学生，所需讲解的内容会更多。

在每年毕业季，图书馆都会专门针对需要写作毕业论文的学生开设信息查询绿色通道；只要学生有查询资料的需要，图书馆都应负责指导其查询书库、使用数据库和网站。

4.辅助手段

提升学生信息素养的方式除了以上这些，还有一些更为娱乐化、更亲切的方式渗透到学生的学习和生活当中，比如参加社团，开展读书活动，开展信息搜索大赛、知识竞赛；评选、表彰优秀读者；开办图书馆报等活动，目地是吸引读者的注意，通过参与活动，达到培养检索技能、加深信息素养的目的。

图书馆应结合自身实际，针对学生的特点加大宣传力度，提高学生对信息素养的认识，以及对信息素养教育的认识；应充分利用图书馆针对大一全体新生的新生入馆教育，结合丰富、新颖的内容，宣传图书馆和信息素养的作用，介绍信息素养教育的内容和方式，吸引更多学生选择信息检索课。除了利用讲座培训、有奖竞赛、社团活动、体验交流等方式让更多学生参与到信息素养教育中来，还可以通过海报漫画、宣传手册、校内广播、读者表彰等方式进行广泛宣传，加深学生对信息素养的理解。

信息检索课是进行信息素养教育的重要窗口，也是提高学生信息素养最直接的方法。高校应根据国内外的信息素养标准，加强课程建设，提高教师的素质，采用更先进的模式与更现代的教学手段，让学生多体验、多参与。图书馆馆员可以与专业课教师合作，将对信息素养的认识、信息检索的能力培养与专业课的学习相结合，渗透到专业课教学中，融入到专业论文写作中，始终保持对学科前沿动态的关注，有针对性地在教学中嵌入最新的学科资讯，提高学生的学习兴趣与成就感。

信息素养教育的实现，离不开先进的硬件设施、可获取的丰富信息资源，因此，资源建设与资源组合显得尤为关键。可利用的信息资源组合包括武昌工学院拥有的资源、高校之间可共享的资源；还包括公共部门，比如开放性获取的共享资源，以及各种商业机构提供的可获取资源。作为教师，应该充分利用、组合这些资源，并将它们融入到教学中，丰富自己的教学手段，灵活搭配各种教学方式，授人以渔。

除了文章中提到的各种信息素养教育的手段，作为图书馆，这个面向全体学生的信息服务窗口，提供特色化、人性化的信息服务，可直接有效地影响全体学生的信息获取习惯，从而带动学生形成良好的信息意识，加上整体的信息素质教育手段，才能提高全体学生的信息素质。

第八章 信息检索的基本知识

第一节 信息检索的原理

各科检索系统的检索原理基本相同。所谓检索原理，简单地说，就是将检索者的检索提问标识，与存贮在检索工具中的信息特征标识进行相符性比较，凡是信息特征的标识与检索提问的标识相一致，或者信息特征的标识包含着检索提问的标识，则具有该特征标识的信息就从检索工具中输出，输出的信息就是初步命中检索所需的信息。

科技信息快速增长且内容高度分散，给信息检索和利用带来了越来越多的困难，采用传统的浏览来直接获取信息，已不能满足需要。因此，只有建立完善的、科学的信息检索系统，才能为用户提供一种有效的情报查寻系统。信息检索系统，更确切地说，就是信息的存贮与检索系统。信息检索的全过程包括存贮和检索两个过程。下面就这两个过程作具体的分析：

一、存贮过程

存贮过程就是按照主题词表或分类表及使用原则对原始信息进行处理，并输入检索工具中，形成信息特征标识，为检索提供经过整序（形成检索途径）的信息集合的过程。具体来讲，信息的存贮包括对信息特征的著录、标引以及编排正文和所附索引等。

（一）信息特征的著录

信息特征是由信息外表特征及信息内容特征两部分组成的。信息外表特征包括信息的题名、著者、来源、卷期、页次、年月、类型、号码、文种等项目。信息内容特征包括信息的题名、主题词、文摘。

所谓信息著录就是按照一定的规则对信息内容特征和信息外表特征加以简单明确的表述。信息著录的结果叫信息著录款目。一条完整的信息著录款目应同时包括信息内容特征和信息外表特征项。

（二）信息特征的标引

信息著录的结果，即信息著录款目，必须排序才能提供检索。所谓信息特征标识，又称排检标目，就是作为信息著录款目排序的依据。信息的标引是指就信息的内容按一定的分类表或主题词表给出分类号或主题词。在信息内容特征中，常以代表信息内容的分类号、主题词等作为信息内容特征标识。在信息外表特征中，常以题名、著者、号码等作为信息特征标识。

把信息著录款目按信息内容特征标识排检，可以为检索者提供从信息内容特征入手的检索途径，如分类途径、主题途径等。把信息著录款目按信息外表特征标识排检，可以为检索者提供从信息外表特征入手的检索途径，如题名途径、著者途径、号码途径等。

在存贮过程中，标引信息外表特征标识比较容易，只要准确地分辨出外表特征中可用作特征标识的项目即可，如题名项、作者项、号码项等。

在存贮过程中，标引信息内容特征标识则比较困难，其标引工作一般要分两个步骤才能完成。

第一步：对文献信息进行主题分析，形成主题概念。任何国家、单位的文献信息，其内容都是论述某个客观事物，而任何一个客观事物都有一定的概念。概念是对客观事物所包含的本质属性、本质特征的概括。因此，标引信息内容特征标识的一种科学方法就是对信息内容进行主题分析，概括出主题事物的本质特征，从而形成主题概念。例如，一篇题名为《电火花加工普通机床附加装置设计》的文章，其内容有数十页之多，但其论述的主题只是"电火花加工装置"，只不过这种装置适用于普通机床而已。

第二步：准确选用检索语言，标引信息主题概念。通过对信息内容的主题分析，所形成的信息主题概念是自然语言。自然语言尽管是检索者所熟悉的语言，但它表述主题概念不是很严格，存在多义词、同义词、近义词等缺点，不能保证不同标引人员间或同一标引人员在不同时间的一致性，从而导致误检和漏检。因此，必须使用专门的、规范化的语言，即检索语言，对文献信息主题概念进行标引。检索语言可以是一种系统符号，也可以是规范化的自然语词，但不管是哪种，都应具有标引主题概念唯一性的作用。

二、检索过程

检索过程就是按照同样的主题词表（或分类表）及组配原则分析课题，形成检索提问标识，根据存贮所提供的检索途径，从信息集合中查获与检索提问标识相符的信息特征标识的过程。

（一）明确检索需要，进行检索提问

如果要从信息检索系统中检索所需要的信息，首先要从检索提问入手，而检索提问必须能被信息检索系统识别和理解，否则就会问而不答或答非所问。信息检索系统能识别理解的检索提问，就是存贮在检索工具中的文献特征标识。因此，检索提问必须明确表示出所需信息的特征标识。

检索提问表示所需信息的特征标识，主要是外表特征和内容特征两个方面。检索者在已知信息的题名、著者或号码的情况下，就可以从信息的外表特征入手进行检索，但主要是根据所需信息的内容特征进行提问；因为，在大多数情况下，检索者对所需信息的外表特征不太清楚。依据信息的内容特征进行提问的方法是对所需的信息内容进行主题分析，形成检索需要的主题概念。检索需要的主题概念明确形成以后，就可以获得所需信息的内容特征标识；以此进行检索提问，常可获得信息系统的圆满答案。例如，检索需要的主题概念为"环境保护"，而存贮系统中也确实存在"环境保护"的信息特征标识，两者一致，因而所有具有"环境保护"特征标识的信息，就会从检索系统中被全部输出。

（二）选用检索语言，标引检索提问

通过检索需要分析，形成检索主题概念的语言是自然语言。利用自然语言标引检索提问，就会与检索语言标引的信息特征标识发生语言不一的矛盾，检索结果就会产生误检、漏检，甚至徒劳无益。因此，用自然语言表达的检索提问，必须转化成相应的检索语言，只有这样，检索提问标识与信息特征标识才能互相匹配，比较一致。

（三）比较检索提问标识与信息特征标识

检索者用检索语言标引了检索提问后，就可以进行具体的检索工作，将检索提问标识与特征标识进行大小异同的比较，从而从检索系统中汇集相符检索标识下的信息线索。其过程为：

（1）利用检索工具所提供的检索途径，查获与检索提问标识相符合的信息特征标识。

（2）逐条阅读具有该信息特征标识的信息著录款目，筛掉与检索需要不符合的信息内容，确定需要进一步查阅的信息原文。

（3）利用各种目录（联合目录），查获收藏原文的文献库（图书馆、情报所和信息中心等），可有目的地办理借阅或复制手续，便于仔细阅读信息。

综上所述，在信息的存贮与检索的过程中，只有了解信息处理人员如何把信息存入检索工具，才能懂得如何从检索工具中检索所需信息。

第二节 信息检索的语言

一、信息检索语言概述

（一）信息检索语言的含义

信息检索语言是指根据文献检索需要用来描述文献的内容特征、外表特征和表达情报提问而创造的一种人工语言，是规范化的人工语言。也就是说，在文献存储时，文献的内外特征按照一定的语言来加以描述，而检索时信息提问也按照一定的语言来加以表达，又称检索标识。

标识是揭示文献内容特征或外表特征的"标签"，是文献最简洁的代表，也是信息检索所据以进行的"存取点"。在一个检索工具或检索系统中，千千万万的文献著录款目是根据其标识，或按字顺或按逻辑次序（一般用号码或字母加以固定和表示）而编排起来的。

因此，从反映文献特征的角度来看，那些代表文献外表特征的著者姓名、题名、报告号、标准号、专利号、档案号等检索标识和代表文献内容特征的类号、叙词、标题词和关键词都是检索语言。但从检索标识规范化的角度来看，检索语言可分为自然语言检索标识和规范语言检索标识，前者包括著者姓名、题名、会议名称、机构号、标牌号、专利号和关键词；后者指分类号、类名、标题词和叙词。

（二）信息检索语言的作用

信息检索的过程包括文献的存贮和检索两个方面。在存贮和检索的全过程中，检索语言主要有以下作用：

（1）用以标引文献的主题概念。在存贮文献信息时，文献标引人员首先要对各种文献进行主题分析，即把文献包含的主题内容分析出来，总结出代表文献主要内容的若干主题概念；然后用检索语言对这些主题概念进行标识，再存入检索工具。

（2）沟通标引人员和检索人员之间的思路。由于人类日常使用的自然语言存在着不适合检索用的多义词、同义词等缺点，如果使用自然语言，就很可能产生标引人员和检索人员使用互不相同的同义词和多义词，造成检索与标引之间的误差，出现漏检或误检。而专门的人工语言（检索语言）是标引与检索取得一致的标准语言。

（3）保证文献存贮的集中化和系统化。使用检索语言并把文献收入检索工具时，可使同一主题概念的文献集中在一起，因此，便于检索者按照有规律的排列次序进行检索。

（三）信息检索语言必须具备的三个要素

（1）有一套用于构词的专用字符。

（2）有一定数量的基本词汇用来表达各种基本概念。

（3）有一套专用语法规则来表达各种复杂概念标识系统。

字符是检索语言的具体表现形式，它可以是自然语词中经过规范化处理的一系列名词或名词性词组，也可以是给以特定含义的一套数码、字母或代码。

基本词汇是指组成一部分类表或词表中的全部检索语词标识的总汇，如分类号码的集合就是分类语词的词汇。分类表、词表等也可说是检索语词词典，是将自然语言转换成检索用语的工具。每种信息检索语言，不论是语词或符号，都是表达一系列概括文献信息内容的概念及其相互关系的概念标识系统，它们全都建立在概念逻辑基础之上。下面对概念逻辑的基本知识作简单介绍。

（1）概念的内涵与外延。概念的内涵是它所指事物的本质属性；外延是它所指的一切事物，即概念的适用范围。

（2）内涵与外延成反变关系。内涵越浅，本质属性越少，外延就越广，适用范围越大。内涵越深，本质属性越多，外延就越窄，适用范围越小。

（3）概念的关系。相容关系与不相容关系。

相容关系：同一关系——电视接收管与显像管

属种关系——植物学与植物生物化学

交叉关系——彩色电影片与宽银幕电影片

整体与部分关系——人与人体心脏

全面与某一方面关系——包装与包装工艺

不相容关系：并列关系——塑料与橡胶

矛盾关系——金属材料与非金属材料

对立关系——导电体与绝缘体

信息检索语言在表达各种概念及其相互关系时普遍应用了上述概念逻辑原理；同时有效地利用概念的划分与概括、概念的分析与综合这两件逻辑方法来建立自己的结构体系。具体来讲，在编制检索工具时，标引人员要对各种文献进行分析，把它们所包括的内容要点都分析出来，形成若干能代表文献内容的概念，并用规范化的语言，如叙词、标题词或分类号把这些概念标示出来，归入检索系统中。检索时，用户须对提问进行主题分析，使之形成能代表信息需求的概念，并把这些概念转换成系统能接受的语言，然后才能从系统中得到用这些规范化语言所标引的文献。

（四）信息检索语言的种类

信息检索语言的种类很多，按其构成原理一般可分为分类语言（又称分类法）、主题语言和代码语言三种。其中，分类语言又有体系分类法和分面分类法的区别。主题语言又有标题词语言、单元词语言、叙词语言和关键词语言的区别。按其包括的学科范围，信息检索语言又可分为综合性语言和专业性语言。按其标识的使用方法，信息检索语言还可以分为先组式语言（文献标识在编表时就固定组配好）和后组式语言（文献标识在使用时才组配起来）。研究者通常将信息检索语言分为两大类，即表达文献外表特征的语言和表达文献内容特征的语言。其中后者是信息检索语言的主体和核心。

二、体系分类法和分类检索语言

（一）分类的概念和作用

所谓的"类"是指具有共同属性事物的集合。一类事物除了具有共同属性外，还有许多不同的属性，可进行多次划分。一个概念经过一次划分后形成的一系列知识概念就是种概念，又称子位或下位类；被划分的类称为母类或上位类，也即属概念；由一个上位类区分出来的一组下位类，互称为同位类，也即并列概念。概念每划分一次，就产生许多类目。逐级划分，就产生许多不同等级的类目。这些类目层层隶属，形成一个严格有序的知识门类体系。连续划分形成一系列具有从属关系的类目，称为类系。

所谓的文献分类是按照文献中所含知识信息的学科属性对文献进行的区分，再根据文献的知识信息内容之间的内在联系组成科学的分类体系。其目的是将同一学科或学科门类的文献集中在一起，便于用户从学科的角度进行检索和利用。

分类法的具体表现形式是分类表。分类表是由一系列分类号集合而成的。分类号是文献知识信息概念的具体标识符，其字符有文字型（罗马字母、希腊字母、汉字等）、数码型（阿拉伯数码、罗马数码）和上述两种类型集合而成的混合型。它能反映事物概念的派生、隶属、平行等关系，便于检索者对知识信息的全面了解，随时放宽或缩小检索的范围，提高检索效率。

分类检索语言是以学科体系为基础，将各种概念按学科性质进行分类和系统排列，利用规范化的人工符号（如字母、数字和语词）代表这些类目，由分类表、类号和类名而组成的一个完整体系。其特点是集中体现学科的系统性，反映事物的从属、派生关系，便于从学科门类进行族性检索。其基本结构是按知识门类的逻辑次序，从点到面、从一般到具体、从低级到高级、从简单到复杂层层划分，逐级展开各个类别。分类检索语言是通过分类表来体现的。一部完整的分类表由编制说明、大纲、简表、详表、辅助表、索引、附录等构成。

（二）分类法及其原理

一部分类法实质上是一套概念标识系统。体系分类法是一种直接体现知识分类的等级制概念标识系统，是通过对概括文献信息内容及某些外表特征的概念进行逻辑分类（划分与概括）和系统排列而构成的。其主要特点是按学科、专业集中文献，并从知识分类角度揭示各类文献在内容上的区别和联系，提供从学科分类检索文献信息的途径。从分类角度查阅文献，应使用体系分类法。

体系分类法具有按学科或专业集中、系统地向人们揭示文献资料内容的功能，这对于希望系统掌握和利用某一专业范围的文献来说，是非常有用的。

国内比较典型的分类法有：《中国图书馆图书分类法》《中国图书资料分类法》《中国科学院图书馆图书分类法》《中国人民大学图书馆图书分类法》。

国外常用的分类法有：《杜威十进制图书分类法》《国际十进制分类法》《国际专利分类表》。

目前，我国通用的主要分类法是《中国图书馆图书分类法》和《中国科学院图书馆图书分类法》。

（1）《中国图书馆图书分类法》简称《中图法》，由北京图书馆组织全国力量编辑，1975 年出版第 1 版，1982 年出版第 2 版，1990 年出版第 3 版，1999 年出版第 4 版，改名为《中国图书馆分类法》，是我国图书馆和情报单位普遍使用的一部综合性分类法。它是由 5 大部类、22 个大类、6 个总论复分表、30 多个专类复分表、4 万余条类目组成的一个完善的分类体系，广泛用于各类型图书馆。现以第 4 版为例进行介绍。

①编制说明：主要介绍分类法的编制过程，所依据的编制原则、部类及大类的设置和次序的理由，对各种分类问题的处理方法、标记方法、使用方法等。它保持了《中图法》作为列举式分类法基本属性不变；基本部类和基本大类设置及序列基本不变；《中图法》的字母——数字混合制标记符号与层累制小数制标记制度不变，即类号采用汉语拼音字母与阿拉伯数字的混合号码，用一个字母代表一个大类，以字母的顺序反映大类的序列，在字母

后用数字表示大类下类目的划分，数字的设置尽可能代表类的级位，并基本上遵从层累制的原则。此外，它还保持了个别大类类目体系结构调整与完善，增加与补充了新学科、新事物的主题概念。

②类目表：它是分类法的中心部分，包括主表和附表。主表包括基本部类、基本大类、简表、详表。基本部类为马列主义、毛泽东思想、邓小平理论；哲学；社会科学；自然科学；综合性图书。基本大类是对基本部类的进一步划分，是分类法的骨架。简表是基本大类的再次展开，可作粗略分类之用。详表是简表的进一步展开，是类目表的主体部分。《中图法》22 大类是基础，每一大类下根据学科的具体内容层层细分为二级、三级、四级等类目，这样逐级划分下去形成了等级分明的科学系统。

③标记符号：《中图法》采用的是拉丁字母和阿拉伯数字混合编排形式。拉丁字母代表基本大类，另在工业大类中，由于学科较多，为便于细分也用拉丁字母代表，其余二级、三级、四级等类目都用阿拉伯数字细分，数字编号采用小数制，在三位后加点，这样易读易记。

（2）《中国科学院图书馆图书分类法》简称《科图法》，由中国科学院图书馆编辑，于 1958 年正式出版，1959 年增编索引，1979 年出版社会科学修订 2 版。该分类法以自然科学见长，总体结构分为 5 大部类，下分 25 个大类。

按照体系分类法检索的优点是能满足从学科或专业角度广泛地进行课题检索的要求，达到较高的查全率。查准率的高低与类目的粗细有关，即类目越细，专指度越高，查准率也越高。但类表的篇幅是有限的，类目不可能设计得很细。因此，分类法只是一种"族性检索"，而非"特性检索"。

三、主题法和主题检索语言

主题法是利用词语来表达文献的主题概念，并按词语字顺排列组织文献的检索语言。在主题法中，不但对词所采取的规范化措施有所不同，而且选词原则、编制方法及使用规则也都有一些差异，因此，主题法也有多种类型。最常用的有叙词法和标题法。

主题检索语言是直接以代表文献内容特征和科学概念的概念词作为检索标识，并按其外部形式（字顺）组织起来的一种检索语言。其特点是直接用能表达、描述文献内容特征的规范化的名词术语标识来揭示文献内容特征；把这些标识按字顺排列成主题词表或标题词表，以此作为规范语词标引、检索文献工具。它以词汇规范化为基础，通过概念组配用以表达任何专指概念，便于特性组配检索。

文献的主题是文献研究、讨论、阐述的具体对象或问题。它可以是自然现象、社会生活现象，也可以是各种学科、人物、事件和地区等。

主题词是主题检索语言的核心，它是用以表达描述文献主题概念的名词术语。这些名词术语取自自然语言之中，有的经过规范化处理，有的本身就是自然语言中的一部分。用主题词作文献标识的优点是直观、专指性强、灵活、网罗度高。

把主题词按照一种有利于检索的方式（通常是字顺）编排成书，就是主题词表，这是主题标引的主要工具。主题词表实际上就是主题词加上某种参照的字顺体系表，是把自然语言转换为文献信息检索语言的术语控制工具。

利用主题检索语言进行文献信息检索的过程为：首先要对研究课题进行主题分析，找出最能代表文献内容的主题；其次，对照主题词表选择专指度最强的主题词，再按这个（些）主题词查阅目录索引等文献检索工具；最后就可获得检索工具中存储符合要求的文献线索。

目前，国内外常见的主题检索语言中，按组配程序分，有先组式和后组式两种。在先组式中，又有定组型和散组型两种。按选词方式分标题词、单元词、叙词及关键词四种。

（一）标题词

它是以标题作为文献内容标识和检索依据的一种检索语言。标题词，是从文献内容或题目中抽选出来，使用一个或者一组规范化的自然语言作为检索标识来描述文献的内容，用来表达文献论及或涉及的主题的词和词组。标题词语言的基本构成单元是主标题、副标题和说明语，是一种先组式的词汇标识系统。其特点是有较好的通用性、直接性和专指性，但灵活性较差。

为显示事物概念之间的相互关系，标题词法中用 See（见）、See also（参见）和标题词范围注释来处理反映主题事物概念之间的同一、属种和相关关系，使若干文献有机地联系在一起，增加了检索途径，有利于提高查全率。

（1）See（见）的作用。这是用来从不作为标题词的自由词引见到作为标题词的规范化词汇。See 所指的标题有如下几种：

①词义概念：如 Aeroplane（飞机），See Aircraft（飞行器）。②下位概念：如 Communication（通信），See Data Transmission（数据传输）。③上位概念：如 Alloy steel（合金钢），See Steel（钢）。

（2）See also（参见）的作用。指出相关标题，用以揭示各相关标题词之间的相关关系。其目的是指导读者从一般概念到特殊概念，从单一概念标题扩大到相关标题，以扩大查找线索。这样也能弥补一篇文摘只在一个标题下面出现一次的缺陷，使科技人员从更多的途径查到该篇文献。

（3）注释的作用。注释用来说明标题词的意义、用法和所属学科等。主题注释有以下几种情况：①用于说明主标题词的意义和使用范围。②指导二次主题词的选择。③说明主标题还有更专指的标题。

（二）单元词

单元词是以不能再分解的概念单元的规范化名词作为文献主题概念的标记。它不选用词组和短语去表达复杂概念，这是它与标题词的主要区别。如，对"包装运输"这一概念按单元词的做法是通过"包装"和"运输"这两个单元词组配来表达该概念，而标题词则直接选用"包装运输"这个词组来表达它。单元词语言就是采用单元词通过组配（字面）来表达主题概念。目前，单元词语言已不能适应信息检索的要求，已被先进的叙词语言所取代。

（三）叙词

它是采用表示单元概念的规范化的具有组配功能动态性的词或词组来对文献内容进行描述，是一种后组式词汇标识系统。其主要特征是概念组配。它对概念关系的揭示主要依靠参照系统，其对照系统包括 Y（用）、D（代）、F（分）、S（属）、Z（族）、C（参）和组代等，构成了一个网络体系。

叙词组配一般采用两种类型：限定组配与方面组配。

（1）限定组配：①事物及其交叉概念，如喷气式起落飞机用"喷气式飞机"+"起落飞机"组配。②整体及其部分，如飞机起落架用"飞机"+"起落架"组配。

（2）方面组配：指事物与事物某一方面的叙词间进行概念限定的组配。如护卫舰设计用"护卫舰"+"设计"组配。

（四）关键词

关键词是直接从文献的篇名、正文或摘要中抽出的具有实质意义的词语，禁用词除外，如冠词、介词、副词等。把文献中的一些主要关键词抽出作为检索标识，并以字顺排列而组成的查找文献用的语言，就叫关键词语言。其语言适用于计算机编制各种索引。目前国际互联网上许多搜索引擎用的就是关键词语言。由于关键词语言是一种未经优选和规范化的自然语言，检索用词不规范，因此会造成漏检和误检。

用主题词法查找文献，要注意以下几点：

（1）注意利用词表。可供参照的词表有《汉语主题词表》《中国档案主题词表》《中国分类主题词表》《社会科学检索词表》等。主题词是检索系统使用的专门规范化语言，而用户的提问用的是自然语言。如"用户"这一概念从不同的角度会有不同的表达，如主顾、购物者、消费者、使用者、读者等。检索者先要了解查阅的检索工具是采用哪种词表组织款目的，然后在该词表中选用恰当的检索词来代替原先拟使用的不规范词语。使用者在用名词查找时，一词不中，可以再选一词，直至选中为止。

（2）选择主题词要把握概念的含义。选词时不要仅从字面上"对号入座"，否则，不是找不到主题词，就是用错了意义相近的词。如查找"多元共渗"方面的英文资料，汉英词典没有字面上对应的词。从概念分析的角度出发，就可以知道这是指多种元素在一定温度、压力、浓度条件下自金属表面扩散的能力有所提高，利用的是"扩散涂层"原理，所以通过"Diffusion Coating"就可以找到有关文献。

（3）要利用概念之间的属种关系和相关关系增加检索线索。属种关系，又称上下位关系，指一个概念的外延被另一个概念的外延所包括，包括概念是属概念，被包括概念是种概念。列出许多具有属种关系概念的词语就可以利用属概念扩大检索途径，或利用种概念缩小查找范围，提高获得文献的准确性。相关关系指属种关系以外的具有交叉、并列、对立关系的概念，如形式与内容、本质与现象、原因与结果等关系。利用这些关系，有利于提高查全率。对于较复杂的检索，最好综合运用几种检索语言从不同途径查找。各种检索语言各有其优缺点。体系分类语言具有单维性特点，适用于按学科体系进行族性检索，但不适用于多维性的、按专题概念进行的特性检索。叙词法和标题法具有直接性、专指性、灵活性等优点，但缺乏族性检索能力。词表虽然把具有内在联系的检索标识集中在一起，但是不能克服同类文献分散的矛盾，影响查全率。总之，只有充分认识上述各种检索语言的长处和局限性，才可能在运用中扬长避短，提高查准率和查全率。

第三节 信息检索的程序

一、信息检索及类型

（一）检索

检索是根据特定的要求，运用某种检索工具，按照一定的方法，去寻找资料或信息的过程。

（二）信息检索

信息检索就是查找或提供用户在数量庞大且高度分散的事实、数据、图像、理论等各种信息载体中所需要的信息或能够帮助解决问题的过程。

信息检索的查找对象不一定就是文献，有时也可能是研究中的课题，或对人员、机构的调查等。

总之，从信息管理的角度来说，信息检索主要是通过分析、综合等手段进行信息加工后，获取隐含在信息源中的知识的过程。信息检索实质上就是把表达用户信息需求的提问特征，同检索系统中的标识进行对比，以便从中查出一致或比较一致的信息。

信息检索直接来源于图书馆的参考咨询工作和文献索引工作，20 世纪中叶以前基本上停留在手工业水平上，然后逐渐进入机械化和计算机化阶段，并向着信息处理自动化和检索全文化、智能化、网络化方向发展，其检索内容、应用领域和普及范围也在迅速扩展。

（三）信息检索的类型

1.根据检索目的分类

①查新检索。用于对申报科研课题、申报科研成果、申请专利而进行的新颖性检索。②定向检索。围绕某一学科内容，随时查寻所需的文献信息资料。③定题检索。为解决生产、科学研究中某一特定的问题而进行的文献信息资料查寻。

2.根据是否使用检索工具分类

①直接检索。直接从原始文献查阅所需要的知识和信息。②间接检索。在检索系统中先通过检索工具查到文献线索，再根据文献线索查获原始文献。

直接检索不受检索工具的约束，具有及时、方便、简捷的优点，是我国科技工作者最喜爱、最常用的方法。目前，多数科技工作者主要从新版专业书、核心期刊等获取所需的专业知识和信息。尽管如此，在当今文献信息数量剧增、高度分散的情况下，仅靠直接查阅几本专业书、几种核心期刊，有时存在疏漏的情况。因此，要想较系统地收集一个科研课题所需的知识和信息，还必须依靠间接检索。

3.根据检索方式分类

①手工检索，即用人工来处理和查找所需信息的检索方式。手工检索是检索者与检索工具直接对话，它依靠检索者手翻、眼看、脑子判断而进行分析，不需借助任何的辅助设备。手工检索的特点是方便、灵活、判别直观，可随时修改检索策略，查准率较高。不足之处是检索速度较慢，漏检现象比较严重，不便于进行复杂概念课题的研究、检索。②计算机检索，它是借助于某些机器设备（主要是电子计算机和数据库）查找文献和信息的检索系统，如光盘检索系统、电子计算机检索系统、缩微品检索系统等，这是信息检索工具的发展方向。利用这种方式能对大量的信息进行存贮，并根据用户要求从已存贮的信息中迅速抽取特定信息，并提供插入、删除、修改等功能。计算机检索的特点是速度快、效率高、查全率较高，不足之处是成本高、费用大、查准率较低。

4.根据检索内容分类

按检索内容的不同，信息检索可分为文献检索、数据检索、事实检索。

①文献检索，是查找或提供用户所需的印刷型资料、微缩资料、声像资料和数据库文献的过程。它为用户提供的是用户信息需求的文献信息。文献检索的目的通常是相关文献的出处和收藏处所。这些文献可以是涉及某一主题、某一学科、某一著者、某一地区、某一年代、某一文件的文献。例如，要系统地收集有关"普通机床电火花加工附加装置"的文献，即属于文献检索。文献检索结果提供与课题相关的数篇文献的线索或原文供用户参考，这些文献的相关程度随检索系统和检索技术的优劣可以有很大区别。

文献检索是信息检索的核心部分。根据检索内容不同又可细分为书目检索和全文检索。

书目检索，是以文献线索为检索对象的文献检索，即检索系统存贮的是"二次文献"。它是对文献的外表特征与内容特征的描述，是文献的"替代物"。信息用户通过检索获得的是与检索课题有关的一系列文献线索，然后通过阅读决定取舍。当今国内外许多文摘、索引和图书馆藏书目录、联合目录已转变为机读形式，为书目检索自动化提供了基础。

全文检索，是以文献所含的全部信息作为检索内容，即检索系统存贮的整篇文章或整部图书的全部内容。检索时可查找到原文以及有关的句、段、章等文字，并可进行各种频率统计和内容分析。它主要是通过自然语言表达检索课题，适用于一些参考价值大的典籍性文献，如各种法律、法规、条约、文化典籍、文学名著等。全文检索是当前计算机信息检索的发展方向之一。

②数据检索，是以数据为对象的一种检索，包括文献中的某一数据、公式、图表，以及某一物质的化学分子式等。数据检索分为数值型与非数值型，是一种确定性检索。信息用户检索到的各种数据是经过专家测试、评价、筛选过的，可直接用来进行定量分析。检索结果是数据，如某种金属的熔点、某种材料的电阻。数据检索与文献检索有许多共同之处，文献检索的许多方法也适用于数据检索。

③事实检索，是以文献中抽取的事项为检索内容的信息检索，又称事项检索。其检索对象既包括事实、概念、思想、知识等非数据信息，也包括一些数据信息，但要针对查询要求，由检索系统进行分析、推理后，再输出最终结果。诸如某类产品哪些厂家生产、哪个牌号最好等即属于事实检索。事实检索也是一种确定性检索，信息用户获得的是有关某一事物的具体答案。

信息检索，无论哪种类型，都是在一定的检索系统中进行的。当前，各种各样的检索系统很多，但每一种信息检索系统都是由三大要素组成的：一是硬件。它包括系统设备、文献集合、检索工具等。二是软件。它包括系统所采用的检索语言，组织管理系统的各种规范、标准，以及使用系统的各种方法、程序等。三是人员。它包括系统管理人员和系统用户。在系统硬件、软件和管理人员一定的情况下，要想提高系统的检索效率，唯一的办法就是提高系统用户的素质，让用户全面了解、正确使用系统。

二、信息检索的一般程序

在信息社会，互联网的普及为用户采用现代化的技术手段查寻文献提供了便利，当然也不能忽略运用手工检索的方法。不论是手工检索方法还是计算机检索方法，其检索程序都是相同的，即都是一个经过仔细思考并通过实践逐步完善查找方法的过程；也就是根据课题要求，按照一定的途径和方法，查找检索工具，将所需的信息查找出来。整个检索过程通常要考虑以下五个主要步骤：课题分析、选择检索工具、确定检索入口、查找文献线索、索取原始文献（查找全文数据库除外）。下面就这五个程序分别叙述：

（一）课题分析

1.明确课题的要求和范围

明确检索要求，要对检索课题进行分析，弄清课题的核心含义。如要查找"混凝土断裂力学"方面的文献，首先把握这个课题是以混凝土为核心的，即应从"混凝土"这个概念着手。这个例子说明，在进行检索前，应对所要检索的课题有全面了解，尽可能准确地分析课题研究对象，并找出课题中与这个对象有关的概念，进而准确地把握检索要求。同时，还要明确课题对检索深度的要求，如要求所提供的是题录、文摘还是全文。

明确课题的检索范围，主要有学科范围、年代范围和地域范围。

①学科范围。如需查"失冷事故"方面的文献，我们知道，"失冷事故"是发生在核电站的泄漏事故。显然，这一课题可归入"核电站事故"或"核反应堆安全防护"这两个学科的领域，这样可确定适用的检索工具。

②年代范围。一般科技文献中的技术 10～20 年就会过时，所以，一般科技课题的检索时间范围在 10～20 年。对于需要较多回溯性资料的问题，检索人员就要确定查找年代的上限和下限，如果是"近期文献"，那么是近 3 年的还是限于去年的。当查不到某一特定文献时，时间的差错是应考虑的一个主要原因。工具书的材料收录范围很讲究时间性，传记、书目、年鉴、索引尤其如此。

③地域范围。确定地域范围既要考虑课题研究领域领先的国家、地区、机构（包括机构里面的研究人员），还要考虑如何迅速准确地检索信息资料。

2.明确课题的学科性质和技术内容等情况

学科范围越具体、越明确，越有利于检索。要根据待查课题的学科性质和技术内容来选定相应的检索工具，并从中正确选定检索标识（检索入口），确定检索途径。

①所处理的问题属于多学科或交叉学科时，要分别列出多学科或交叉学科的相关部分，以利于确定所需情报在复杂的学科体系中的位置，还利于从分类途径检索中选用上下位类来扩大或缩小查找范围。

②分析内容的深度与广度反映内容分析质量的高低。假若仅用某一简单的概念大致指出是什么事物，那么检索时只要选用较为宽泛的简单主题词就可以涵盖整个需求的内容；如果用复杂的概念来表达事物的特征以及

某一方面、某一部分的问题，那么检索时需要的检索标识数量就较多，从而使检索途径相应增加，取得所需信息的可能性也会增加。

③在进一步分析主题概念时，还要将需求的全部主题概念展开。如"国际金融投资流向"，对这个大概念需要展开美、英、法、德、日等投资大国在某些国家或地区的投资这些小概念，如果只是对号入座般地选用"国际投资"这个主题词，得到的文献可能是笼统地、不分国别地研究国际金融投资的文献。特别是，需求中有的概念是明确的，有的可能是隐含的，要弄清这些概念之间的关系，如主从关系、并列关系、交叉关系、相关关系；要确定哪些是主要概念，哪些是次要概念，要敢于舍弃那些与课题无关的概念，以使分析出的概念少而精，为计算机检索构造一个十分有用的检索式。

3.明确课题的分类、确定检索工具

关于研究的课题主要分为两类：

①需要查找某一特定的文献，或与某一主题、学科内容相关的文献，这就需要考虑文献检索类工具书（二次文献）。例如，要查找动植物营养分析方面的文章，就要用索引、文摘；要找各类图书，就要用卡片目录、书本目录、馆藏目录，还可以访问电子书刊网站、网上书店、电子图书馆等。

②需要查找具体的事实，如统计数据、人名、符号、图表、地址、机构、法律条文、术语等，这就需要考虑专为解决这些类型的问题而设计的三次文献类工具书，包括统计年鉴、传记工具书、机构名录、手册、字典、词典、辞海、指南、百科全书等，以及包括这类检索工具的参考工具类网站。

总而言之，课题的类型没有严格的界限，而且可以互相转化。比如，事实类的问题可以通过查找文献来解决，而对文献类的问题经过进一步分析后，也可以利用三次文献中的某一工具书来解决。

4.正确利用各种文献类型

在进行课题分析时，课题中的文献涉及的类型很多，如报纸、期刊论文、会议论文、文集、图书、专利报告、标准、科技报告、单位论文、特种文献等。因此，仅仅指明需要某主题的近期文献还不够，应弄清楚需要哪一类文献。一般来说，非专业人员接触的文献种类较少，并且总是偏重平时常用的几种文献类型（如期刊等），很少考虑到其他文献来源。所以，用户在从事信息资料检索时，应根据专业检索人员的指导，扩大自己的检索思路，特别是在单一类型的文献中查询到信息的数量、质量不十分满意时，应使用那些常常被人们忽略的会议记录、报告和政府文献获取可靠和有价值的情报资料，还能将其作为查获原文献的依据，从而准确记下文献出处。

5.正确分析"已知"和"欲知"信息

①杰霍德在《图书馆员和参考咨询》一书中指出："不管是简单明了还是复杂冗长的提问，经过分析后都可以重新组合成两个部分：'已知'信息和'欲知'信息。每部分又可以提炼出核心信息。已知核心信息是所有线索中的关键部分，失去核心信息，其他补充信息全都不可利用。把分析后的两部分合在一起，一个看似冗长的问题就可能非常明确简单。"这种方法可以用来分析信息中的每一个问题，有助于用户从烦琐复杂的需求提问中理出头绪，便于分析哪些是检索的目标和相关内容，哪些是检索条件，以确定检索范围。假若"已知"和"欲知"两者中有一个不明确或欠缺，这就是线索，它揭示用户在开始查找前一定要经过仔细的思考或咨询，进一步理清疑问，明确检索需求，以便于顺利进行信息检索，获取文献资料。

②叙词语言是以叙词作为文献存储和检索标识的一种检索语言。所谓叙词是指一些以概念为基础、经过规范化处理、具有组配功能的动态性的词

或词组。概念组配是叙词语言的最主要特征。如"彩虹电器"的标引，字面组配为"彩虹"＋"电器"，显然"彩虹"一词是虚假的；然而用概念组配则为"彩虹牌商品"＋"电器"，"彩虹牌商品"就避免了虚假组配，防止了检索"彩虹电器"时把有关"彩虹"方面的文献误检出来。

人的思维具有概括性，许多错综复杂的提问经过概括后就变成了咨询专题。杰霍德和布朗吉尔把大量"已知"和"欲知"信息归并成若干专题，并转译成叙词，例如"已知"信息可以概括为"缩略语""人物""地名""机构""术语或主题词""期刊论文""专利文献""特定出版物"；而"欲知"信息可以概括为"课本""日期""符号""图表""数据""机构""人名""地址""出版物"等。若将专门解决某类"欲知"信息的检索工具与问题中的叙词进行匹配，就可以选出能提供答案的最合适的工具书。如查"克林顿现在的住址"，按叙词分类可译成"（已知）人名（欲知）地址"，这样就能确定专查人物地址的工具书（如履历型传记工具书或传记数据库）。确定具体的工具书后，"已知"信息还能作为检索点来查阅有关的条目。因此，用户分析"已知"和"欲知"信息的过程实际上也包含了确定检索工具的类型。

6.确定课题对查新、查准和查全的指标要求

①若要了解某学科、理论、课题、工艺过程等最新进展和动态，则要检索最近的文献信息，强调"新"字。②若要解决研究中某具体问题，找出技术方案，则要检索有针对性、能解决实际问题的文献信息，强调"准"字。③若要撰写综述、述评或专著等，要了解课题、事件的前因后果、历史和发展，则要检索详尽、全面、系统的文献信息，强调"全"字。

（二）选择检索工具

检索工具很多，除了需要知道哪类问题该用哪类工具书解决外，还要熟

悉一些具体工具书的内容范围、特点、编排结构，以及工具书之间的相互关系，包括内容和时间的联系。这样，才能运用自如地选择，有的放矢地进行查找。此外，还要掌握检索工具的方法、原则和类型。

1.选择检索工具的方法

①在检索工具齐全的大型图书馆、信息研究所，首先应使用国内外检索工具指南来指导选择。常用的检索工具指南有《国外科技文献检索工具简介》、《国外科技文献单卷检索工具书简介》及有关科技文献检索方面的教科书、手册等。②在国内外检索工具指南缺藏的情况下，可以采取浏览图书馆、信息研究所的检索工具书室所陈列的全部检索工具，以决定取舍。③从所熟悉的检索工具中选择。

2.选择检索工具的原则

①检索工具所收录的文献必须覆盖检索课题的主要内容。②所选检索工具就近有收藏，能够查阅。③选出的检索工具质量较高，即收录文献量大，报道及时，索引齐全，使用方便。④要熟悉检索工具的文种。

在四大原则的基础上还应考虑以下因素：

①若研究某一理论在某种工艺上面的应用或研究某种产品的设计、试制、生产工艺、质量等方面的问题，则要求查全、查准国内外信息。如"植物组织培养及其在生物技术上的应用"，针对这一问题应使用综合性、专业性、特种文献的检索工具，还要直接浏览有关核心期刊。②若要借鉴国内外新产品、新设备，应选择专利检索工具、产品、目录或样本等。③若要求检索的文献专业性强且专深，应选择专业性及有关特种文献的检索工具。④若利用计算机检索，应选好相应的文档（倒排文档、顺排文档）。

（三）确定检索入口

用户所需的文献信息确定后，下一步应考虑如何从中找到所需的信息。检索途径很多，使用者应根据"已知"信息特征确定检索入口。所有的文献特征可分两大类：内容特征（分类、主题、关键词）和外表特征（题名、著者、序号等）。因此，文献检索的入口途径也相应分成如下两个方面：

1.依据所需文献内容特征检索

以文献内容特征为检索入口的途径有分类法途径、主题法途径、关键词法途径等。

①分类法途径：按照科学分类的观点，运用概念划分和归纳的方法，在有学科逻辑、内在联系的知识体系中查询所需文献信息的方法。分类是区别事物及其相关联系的一种方法，是人的思维活动的一种本能。在实际应用中，常通过分类索引、分类号或类别来进行检索。例如，我国编制的信息检索工具，主要按《中国图书馆图书分类法》或《中国图书资料分类法》分类，用固定的号码表示相应的学科类别。如"T"表示工业技术大类，"TH"表示机械、仪表工业类，"TP"表示自动化技术、计算机技术类。这样凡是属于机械、仪表工业类的文献，以及经过加工形成的目录、文摘等都集中在"TH"类。

分类法途径的优点是比较能体现学科的系统性，反映事物的派生、隶属、平行的关系，便于从学科专业角度来检索，满足族性检索的要求。其缺点是由于分类法把人类知识按线性层次划分，不适合当今边缘学科、交叉学科的发展需要，横向查找较吃力。另外，用分类切割知识的"块"较大，不利于查找细小单元的"微观"检索，会造成漏检和误检，影响检索结果。不论使用哪种检索工具，都必须先浏览工具采用的分类法（或分类简表），弄懂类号的等级次序、类目的排列和划分、类名的含义，以及有关的说明、注释。

②主题法途径：通过分析所需文献信息的内容，找出能代表这些内容的概括性强、专指度高的规范化名词或词组（主题词），并按所选用主题词的字顺（字母顺序、音序或笔画顺序等）来查找文献。

主题法途径与分类法途径的相同点是适宜先查主题词表，从词表中选择最恰当的主题词；不同点是用主题法可不受分类体系中知识线性排列的约束，又接近自然语言，避免那种分门别类查找答案的弊病，使检索更直接、方便、快捷。

主题法途径的优点首先是表达概念准确、灵活，可随时增补、修改，以便及时反映学科新概念；专指性强，可用来检索较为专深细小的知识单元。其次是适合查找比较具体、专深的课题资料，并能满足复杂概念和交叉、边缘学科检索的需要，具有特性检索的功能。其缺点是缺少学科系统的整体与层次概念，使分类法中紧密相连的知识在主题法中被字顺分割，因此，用主题法能得到较高查准率，但查全率低。此外，它还要求使用者必须具备较高的专业知识、检索知识和外语水平。

③关键词法途径：有的系统称为自由词，这是通过题名的关键词为检索入口查找文献信息的方法。关键词法具有主题法的部分功能，在一定程度上能揭示文献的内容特征，如题为"生物基因信息的检索"的论文，用户可从"生物基因""信息""检索"这三个检索点去查找。

关键词法途径的优点是其使用的是自然语言，作为检索标识易被掌握，使用方便。其缺点是自然语言所产生的同义词、近义词、多义词未加规范，易造成歧义和误差，给选用检索点带来困难，造成漏检。

2.依据所需文献外表特征检索

以文献外表特征为检索入口的途径主要有题名途径、著者途径和序号途径等。

①题名途径：即根据已知的书名、刊名、篇名、会议名称按字顺排列规则在工具书中查找所需文献信息的途径。它是我国书目索引的主要特色之一，多用于卡片式目录工具，如外文图书题名卡片目录。目前，我国文献著录逐步向国际标准靠拢，工具书收录的文献开始出现按著者排列的情况，但仍以题名为主要检索途径。在西文工具书中，文献的题名只作辅助检索途径，作书名索引附于书后。在主题和著者混合排列的目录或书目中，题名仅是附加款目。西文索引很少提供篇名途径，否则按著录规则篇名不得不作主要款目的标目，加之文献篇名较长，检索者还要注意冠词、数词的排列方法，易造成相同内容文献分散，不能满足族性检索要求，因此以篇名为检索点的查全率较低。

②著者途径：就是以著者（个人或单位著者）为检索点查找文献信息的途径。国外比较重视著者途径的利用，而我国工具书中文献的排列方法正好与西方国家相反，著者途径仅是辅助检索途径。西文工具书中的著者款目所载录的信息较其他款目完备，因此，我国用户往往不以著者为检索点查找文献。再者，西文著者姓名倒置、复姓、前缀取舍等问题也给我国用户检索带来了困难。同一著者的文章具有一定的逻辑联系，以著者为线索可系统、连续地掌握他们的研究水平和研究方向，能满足族性检索功能的要求。如果知道课题相关著者姓名，便可依据著者索引查到符合课题要求的部分文献，因此，著者途径又具有特性检索功能。

③序号途径：它是根据文献序号特征，按号码顺序，如专利号、标准号、

报告号、国际标准书号、电子元件型号、入藏号等查找文献的方法。这种途径多见于查专利文献、科技报告、政府文献和从文号查档案文件。如果知道文献的号码，利用相应的对应号码索引，检索文献既快又准，具有特性检索功能。

（四）查找文献线索

一般来讲，在确定了检索工具、检索途径和检索方法后，便可以根据课题要求进行检索。在各种检索工具中，我们能查找到的实际上只是所需文献资料的线索或一些相关文献的出处，如果确实感到还不能满足要求，而且确认所得的线索有一定参考价值，就需要查找原始文献，判定文献主题内容是否符合检索要求，还要根据所查得的线索进一步检索以获取原文。

（五）索取原始文献

通过各种检索工具获得所需的文献线索后，下一步就是利用馆藏图书目录或报刊目录获取原始文献。由于馆藏目录或者联合目录一般提供了文献的索取号和藏址，索取原始文献时，只要严格履行借阅手续或馆际互借手续就可以了。但是，要想迅速、准确地索取原始文献，并不是那么容易的，这是一件非常细致的工作，尤其是针对外文资料的索取。原始文献获取率的高低，与馆藏的多少、获取方法的正确与否有关。因此，获取原始文献是检索文献的最后一个步骤，也是至关重要的一个步骤。索取原始文献的步骤如下：

1.掌握索取原文的必要信息

要正确地找出索取原文所需的题名、著者姓名、出版单位、出版时间及详尽的出处，首先必须弄清楚各种检索刊物的著录格式，以及机检打印单的打印输出格式。各种检索刊物的著录格式略有不同。例如，《英国在版书目》

上的出版时间的著录格式很容易被误认为出版价格；引文索引和关键词轮排索引中的题名常常被截取。在联机检索中不同系统的打印格式均有所区别，甚至同一系统中还有几种不同的输出打印格式，例如 DLALOG 系统就有 8 种输出打印格式。

①刊名。期刊文献是使用最多的参考文献。国内外期刊在国内各主要情报机构中普遍都有收藏。其中，国内出版的期刊在北京图书馆、中国科技情报研究所重庆分所以及上海图书馆中收藏得最为完整。因此，期刊文献相对于其他类型的文献，较容易获取原文。

检索工具中著录的文献出处，几乎全部采用缩写名称以节省篇幅。因此，把那些所采用的刊名缩写还原成刊名全称是索取原文的一个主要工作。多数检索刊物都附有引用出版物一览表，供查对收录的出版物全称所用。如果文献的线索出自文后参考文献或手抄件，还要查阅专门的刊名缩写检索工具，如《国际期刊名称缩写规则》《国际期刊名称用语缩写一览表》《期刊刊名缩写》。在西文检索工具中，俄文、日文、中文刊名在英文文摘中一律采用拉丁文音译形式著录，故在翻译时应先将其缩写刊名还原为全称，然后查阅工具书。

②文献类型。检索刊物中收录的文献类型大多来自期刊，但也混有其他类型的文献，如图书、会议文献、科技报告、专利文献、学位论文、技术档案、会议报告等。各种类型的文献有不同的特点，著录的格式上有微小差异，要善于辨认出这些差异。如凡有出版商简称和出版地、出版年的是图书；有年份、卷期号的一般是期刊论文；有专利代码的是专利文献；有会议类属词及会期的是会议报告；等等。检索刊物前的缩略语及符号一览可供参考。现代式的脱机或联机检索可依据打印单上文献类型字段中的代码鉴别出版物

类型。

③论文著者地址。要索取会议论文、学位论文、公司报告以及一些尚未公开发表的文章的原文，必须索取论文著者（个人著者、团体著者或公司、机构等）的详细地址。

A.若检索刊物的款目中附有作者的工作单位，就可据此查阅机构名录。

B.有可供查阅的专门工具书，如《科学引文索引》（SCI）和《社会科学引文索引》（SSCI）的来源索引和团体索引亦可查著者地址；《期刊近期目次》有著者索引和地址录。从著者姓名线索入手，有助于我们进一步查阅履历型传记工具书。

2.索取原始文献的途径

①从本单位的图书情报部门获取原文。这是索取原文最方便的途径。应首先立足于本馆或本情报所，其次才是附近的图书馆或情报中心。如本馆及附近情报中心缺藏时，再利用全国图书、期刊联合目录和馆藏书刊资料目录查找。如果读者目录有缺失，应利用公务目录、典藏目录。

②从国内主要或对口图书情报机构馆藏信息中获取原文。要了解各馆收藏国内外文献资料的情况，如查获某馆已收藏，利用联合目录或网络，由近及远地查找，必要时，通过函索、委托出差人员代索、馆际协作及借阅复制索取原文。

③从著者获取原文。与国外的论文著者写信索取复制件已是国际上通行的学术交流方式。据统计，全世界每年向著者索取抽印本有数百万件。索取抽印本需在论文发表后较短时间内进行。美国有些情报机构开展这项服务，例如研究图书馆中心（CRL）、美国国家技术情报服务中心等，也可以从学术团体指南这一类工具书中索取更详细的信息资料。

④从检索刊物的出版机构获取原文。国外一些著名检索机构，如美国科学情报研究所（ISI）、美国化学文摘服务社（CAS）等，都可以向用户提供原文。美国科学情报研究所内设有原迹论文服务，能使用户看到照片、彩色版图及复杂的图像资料。有些非营利性出版物是商业书目不收录的，要索取这些文献，可以通过信息服务名录或学术机构掌握有关信息，然后通过函索方式获取出版物以索取原文。

⑤利用互联网索取原文。网络是获取原文最主要、最方便、最快捷的途径。近年来，随着信息高速公路的发展，全文数据库、网络电子报刊的数量在急剧增加。电子报刊以其出版周期短、传输速度快而比印刷版报刊具有更明显的优势。目前，多数电子报刊都能通过其出版社网页提供订阅或免费查阅服务，并由提供的二次文献扩大到一步到位的全文电子报刊检索服务，满足了用户直接对其他相关报刊、文献查询的需求，由此，传统"检"和"索"的界限正在网络环境下消失。

⑥利用国际联机检索终端向国外订购原文。若用户急需原文，而一般的订购渠道又很慢，就可以采用这个途径。订购时需填写"联机订购原文申请单"，注明文档名称及代号、原文题目、著者、出处等。这是一种较快的订购办法，只需半个月左右，但费用昂贵。

3.办理借阅或复制手续

①在馆藏目录中查到文献，该馆有收藏，可按规定办理借阅手续或复制手续。

②在联合目录上查到文献，可以通过一定的手续办理馆际互借、函索和复制。

第四节 信息检索的方法

一、信息检索方法的含义

（一）检索方法

就是利用检索工具按照一定的方法从不同检索工具中查找所需的文献信息资料。

（二）制约检索方法的因素

查找就是实施检索策略、搜寻所得文献信息的过程。对于同一问题，不同的检索者可能会有不同的查找方法，这是因为他们在主观上受到实际经验、知识结构、对检索工具了解的广度和深度、认识问题的方法、心理品质等因素的影响；在客观上又受到检索工具、检索时间和物理环境等因素的影响。

二、信息检索方法的类型

随着文献信息量剧增，信息资源的品种增多。由于电子文献存在版权等问题，目前，图书馆馆藏仍以印刷型为主，文献信息的检索方法在保持传统检索方法的同时应加以改进。常用的信息检索类型有以下几种：

（一）广度优先法

用户使用网址查询信息资料，如果不知道怎样查找某一专题信息的URL地址，可以从信息总目的 Web 页面开始浏览，沿着专题链接层层查找，直至找到有关的内容为止；然后用"书签"保存这个页面的 URL，转向另一个分支。这种方法可以迅速获得相当多的相关地址、文献出处。就使用引擎而言，专家也建议先用链接页面多、响应时间快的引擎。

（二）引文法

引文法又称为跟踪法、追溯法、广度法。就是利用文献后所附的参考文献、相关书目、推荐文章和引文注释查找相关文献的方法。这些材料不仅指明了与读者需求最密切的文献线索，而且还包含了相似的观点、思路、方法，具有启发意义。文献之间的引证和被引证关系揭示了文献之间存在的某种内在联系。循着这些文献线索去查找，不仅有效利用了前人的劳动成果，节省了很多时间和精力，而且还能在原来的基础上有新的发现。

利用原始文献所附的参考文献进行追溯，最好是先查获一两篇与研究课题的主题内容相关的述评或专著等三次文献。这类三次文献本身相当于一个小型专题情报源，它往往附有大量的涉及课题各个方面的参考文献，可以此作为起点进行追溯。这种方法只适用于手边没有什么检索工具时采用，因为它没有利用检索工具进行检索那样全面和系统。

引文法又可分为两种：一种是由远及近的搜寻，即找到一篇有价值的论文后要进一步查找该论文被哪些其他文献引用过，以便了解后人对该论文的评论、是否有人对此做过进一步研究、实践结果如何、最新的进展怎样等。由远及近地追寻，越查资料越新，研究也就越深入，但这种查法主要依靠专门的引文索引，它是引文法高效率地查找文献最有用的工具，如《科学引文索引》《中国社会科学引文索引》。另一种较为普遍的查法是由近及远地追溯。此法是利用文献末尾所附的参考文献，由一变十，由十变百地获取更多相关文献，直到满足为止。这种方法适用于对历史研究、背景资料的查询，查获的资料越查越陈旧，追溯得到的文献与现在的研究专题越来越远。因此，最好是选择综述、评论和质量较高的专著作为起点，它们所附的参考文献筛选严格，并且还附有评论。

（三）常规法

它是利用文摘、题录或索引等各种检索工具来查找文献的方法，也称工具法、直接法、普通法。由于这种方法是目前查找文献最常用的一种方法，所以又叫常规法。按照所查文献时间的顺序，常规法可分为顺查法、逆查法和抽查法。

（1）顺查法。它是以课题研究的起始年代为出发点，利用选定的检索工具，如书目、索引、文摘，按时间顺序由远及近地查找文献的方法。查找前需了解该课题的背景、实质性内容和概貌，从问题发生年代着手查起，直至感到满意为止。用此法逐年检出的文献可在一定程度上反映出该课题研究发展的全过程，但耗时费力，效率较低。此法可用于事实性检索，但更多地用于文献信息检索。

（2）逆查法。它是由近及远地查找，起点是从最近发表的文献开始，直到设定终止的年代或查到所需资料为止。根据课题需求获取近期文献，即以"查准"为主时，最好采用逆查法。对一些新的研究课题可采用逆查法，此法查全率较高，且较省时间。

（3）抽查法。任何一门学科的专题研究都是起伏交替地发展的。由于兴旺时期发表的文献量大，各种学术观点较为集中，如果针对课题研究处于兴旺时期的若干年查找，则可获得较为满意的检索结果。此法费时少，查全率高，但必须熟悉学科或研究专题发展的历史。

以上三种是信息时代应掌握的最基本的信息查找方法。现在文献的书目控制手段逐步完善，各种印刷版、缩微版、光盘版和网络版的检索工具层出不穷，有充足的挑选余地，用户可根据自己的检索知识和条件选择一种或几种检索工具。

（四）循环法

循环法亦称交替法、分段法和综合法，就是把引文法和常规法结合起来查找文献的方法。根据结合的不同，又可分为复合循环法和间接循环法两种。

（1）复合循环法。复合循环法，即利用常规检索工具查出一批有用的文献，再利用这些文献内所附参考文献中提供的线索，追溯查找（先常规法，后追溯法），或先掌握一批文献后所附的参考文献线索，分析查找这些文献所适用的各种检索途径，再利用相应的检索工具扩大线索，获取文献（先追溯法，后常规法，循环使用）。

（2）间隔循环法。间隔循环法，即利用常规检索工具查出一批有用文献，然后利用这些文献所附参考文献追溯扩大线索，然后跳过几年（一般为5年）再用常规法查找，查出一批有用的文献后再进行追溯，如此循环检索。可跳过 5 年再直接从工具书中查找文献，这是因为根据文献发表的特点，一般 5 年之内的重要文献都会被利用。

总之，循环法是一种"立体型"的检索方法，检索效率较高。其中，复合循环法比间隔循环法完善，但间隔循环法能弥补因检索工具缺失而造成的漏检损失。

（五）直查法

直查法亦称浏览法，是根据检索要求，不通过检索工具，而是直接查阅书刊来选择文献资料的一种方法。运用直查法可采取下列三种方式获取文献信息：

（1）凭浏览获取文献信息。一些人日常有浏览文献的习惯，但有一定的浏览范围，如某个组织机构的出版物、某几种刊物、某个图书馆馆藏文献，如有需要便及时利用，或在大脑中记忆下来，需要时直接索取。

（2）靠积累获取文献信息。有些人在治学和研究的过程中，根据自己的见解，建立了个人信息库，如笔记、卡片等，如有需要也可直接获取文献。

（3）利用核心文献。用户在检索目的明确的情况下，可直接查阅核心期刊、经典著作以获取所需文献信息。期刊具有出版周期短、时效性强等特点，对研究时间紧迫但对文献新颖性要求高的课题，直接查阅核心文献是有效的。

（六）排除、限定和合取法

这是现代化的检索方法，实际上是将信息加工的方法融入检索中去。

（1）排除法。该法是指对查找对象的产生和存在的状态在时间和空间上加以外在否定。将这种方法移植到检索中就是在时间和空间上极大地收缩检索范围。如要查中国网络资源建设的文章，确定 1987 年以前 Internet 未进入中国，则可排除 1987 年以前的报刊资料。

（2）限定法。它是相对于排除法而言的，指对查找对象在时间和空间上加以内在的肯定。排除的结果必然是限定，反之亦然。

（3）合取法。使用户满意的答案往往不是完整地记录在某一篇文献中的。若把不同资料中涉及所需信息的记录都截取下来，汇集在一起，再经过去粗取精、去伪存真的加工，就构成了一个完整的答案，即合取法。采用这种方法，不仅要对各类工具书触类旁通，灵活运用，还要学会分析来自各方面的庞杂材料。

以上几种检索方法各有其优缺点，而不同的科学研究领域对文献信息的需求也有所不同，对信息的载体和检索手段的利用也有所区别，特别是在社会科学领域与科学技术领域。具体采用哪种方法合适，主要根据检索条件、检索要求、学科特点而定。科技文献具有较强的知识积累性，文献老化周期大大短于社科文献，新发表的论文基本能将在它之前已有的相关知识收进去。因此，查询科技信息要注重期刊论文、研究报告、会议记录和专利这类文献，其检索手段更强调利用时效性强的现代化检索工具。对社会科学的研究除要吸收新知识，还要注意以往的研究成果，几十年前的研究成果同样具有权威性、参考价值。它与图书这种包含比较成熟、定型的知识的文献关联度较高。社科文献的检索除了利用较新的载体和手段，也不能偏废传统的载体和手工检索方式，尤其是多年积累的文献还没有条件电子化，这是用户检索时需要注意的。

第九章 高校信息素养教育的
实践应用研究

第一节 微课在高校图书馆信息
素养教育中的应用

在新媒体环境下，图书馆开始利用微博、微信等微平台提供读者服务，通过慕课、微课等创新教育模式开展图书馆信息素养教育。微课的出现为高校图书馆读者工作带来了全新的挑战和机遇，通过微课可以提高读者（尤其是善于接受新鲜事物的大学生群体）对碎片化时间的利用，加强他们的自主学习能力。近年来，越来越多的高校图书馆将微课加入到信息素养教育中去，通过开展延伸教学，丰富读者服务途径，构建创新教育模式，从而提高了图书馆读者服务的效能。

一、微课及其特点

微课的雏形来源于美国北爱荷华大学的 LeRoy A.McGrew 教授提出的"60秒有机化学课程"。在国内，以胡铁生为代表的学者对微课进行了研究，并最先提出微课的概念。简单来说，微课就是利用微视频为主要教学载体，针对某一知识点和教学内容进行课程教育，开展教学活动。

微课的主要特点可以概括为短、小、精、悍四个字。其主要特征有以下几点：①时间短。微课的时间一般为 10 分钟左右，学生可以利用碎片化时间进行移动式学习，也可以反复学习，强化教育效果。②内容精。微课的教学内容以主要知识点为主，刨除了与知识点无关的部分，精化学习内容，帮助学生节省了学习时间。③交互强。在微平台下开展微课教育，可以进行评论和分享的互动环节，通过丰富有趣的教学形式来提高自身信息素养水平。④资源多。微课作为延伸教学，可以作为多学科的拓展教学，以小视频为主要方式开展评论、练习、测评等多资源内容的教学。随着移动网络和新媒体的快速发展，翻转课堂、慕课等创新教育模式不断推出，微课的普及更是为高校图书馆开展信息素养教育带来新的补充和拓展。

二、微课在高校图书馆服务中的应用

新生入馆教育。高校图书馆的新生入馆教育主要是帮助学生了解图书馆的馆藏分布、设备使用和资源检索与利用，是图书馆主要的宣传手段，是学生利用图书馆的主要方法指南。目前，大多数高校图书馆的入馆教育都是组织学生以班级为单位现场参观图书馆，在专业人员的讲解下了解图书馆的服务，但是这种短时间培训对于大多数学生来说属于走马观花，并没有起到全面深入的入馆教育作用。对此，图书馆可以就不同资源和设备的利用分为多个知识点，突出重点内容，制作成有趣生动的教学微视频，将其引入到入馆教育中。师生可以不限时间和地点接受入馆培训，针对需要的知识点反复学习，从而大大提升图书馆入馆教育的效果和服务效能。

文献检索课程。高校的文献和信息检索课程主要设置为公选课，以信息检索、论文写作、数据库利用为主，学生对于这种公选课大多兴趣不高，教学成果不显著。微课在文献检索课程中的应用体现在两个方面：一方面，将微课融入到课堂教学中，或者辅助翻转课堂，针对教学内容提出问题，学生进行答疑和讨论，从而提升学生的学习兴趣；另一方面，可以在图书馆的微博、微信等微平台上定期发布微课教学，将与文检课相关的技巧和重要知识点划分为不同模块进行讲解，从而提高大学生的信息素养能力。

读者培训工作。传统的图书馆读者培训工作以讲座培训为主，"互联网+"环境下，可以将微课与培训讲座相结合，开展生动有趣的读者培训微课服务。微课在读者培训中的应用可以分为以下几点：①利用图书馆内的TV等视频播放设备循环播放微视频，指导读者如何利用图书馆资源，起到导引的作用。②培训讲座融入微视频、微课件等元素，丰富讲座内容，方便读者理解。③利用微平台定期开展读者培训微课，学生不用必须到馆参加信息素养培训讲座，在线微课程服务能够方便读者利用。

三、微课在高校图书馆信息素养教育应用中的策略

（1）碎片化时间，方便读者利用。在新技术环境下，移动新媒体平台不断发展，这为微课教学带来了强有力的后盾。同样，在移动网络环境下，复杂多样的知识不断涌现，为大学生获取有用的信息资源带来了新的挑战。微课以时间短、内容精、移动式等特点应用在图书馆信息素养教育中，可以使学生通过课后碎片化时间接受信息素养培训，提高信息检索与利用的能力，节省学生的学习时间。碎片化时间自主学习的微课教学正是利用新技术、新平台创新教育模式，开展延伸教育，促进大学生素养教育发展。

（2）针对性培训，辅助专业教学。微课在信息素养教育中的应用，可

以将信息素养教育划分为书目检索、信息检索、数据库使用、知识管理等不同教学模块，开展针对式微课教育，对不同模块的知识点进行详细视频讲解，也可以与传统课堂相结合，辅助专业课的教学，开展翻转课堂等形式的混合教学模式。利用微课，不仅可以深化信息素养教育内容，学生还可以在课前或者课后时间反复学习，对专业知识点进行预习和巩固，加深对知识的深入学习，全面提升自学能力和自身素养。

（3）借助微平台，自主互动学习。图书馆可以利用微平台宣传读者培训和开展微课服务，如利用微信公众号开展入馆教育和读者培训微课，利用微平台强大的社交功能，方便读者的利用、互动和分享。例如，北京师范大学图书馆在公众号菜单里直接设有信息素养链接，并定期通过微信和蛋蛋网发布微课，进行在线微课程服务，其课程主要分为资源、方法、服务、应用和学科等。微信公众号或者微信小程序极大地方便了学生读者的利用，通过微平台还可以进行答疑和测评来辅助学生的自主学习，从而提供图书馆信息素养教育。

（4）游戏式教育，增强学习趣味。不同于传统课堂的枯燥乏味，图书馆在开展信息素养教育中，可以通过微视频大赛，鼓励学生自主设计以提升信息素养为主的微视频，这种游戏式的互动教学可以提高学生的学习趣味，同时起到阅读推广的重要作用。在信息素养教学中同样可以加入游戏互动式的微课程教学，通过微平台小游戏调动学生的学习积极性，如利用微信小程序开展信息素养相关游戏，应用到信息素养传统教学或翻转课堂中，创新信息素养教学。

微课碎片化、突出重点的教育模式可以更好地贴合高校图书馆信息素养教育，尤其是移动信息素养教育。通过微课可以调动大学生学习信息素养的积极性，为入馆和读者培训节省工作量，增强学生自主学习兴趣和提高图书馆服务效能。但微课在信息素养教育中的应用也存在着许多问题，如面对繁多的信息素养知识如何精选教学内容，如何将整个体系教学划分为不同模块，这些问题都需要在微课的教学实践中予以解决和完善。

第二节 STAD 合作学习法在高校信息素养教育中的应用

STAD 型合作学习是应用极其广泛并且可以有效提高教学效果的一种合作学习类型。在高校信息素养教学过程中，通过帮助读者树立共同目标，科学组建合作学习小组等方式，可以对读者在课程学习中的"进步"与"合作"程度进行综合考评，并开展新一轮的合作学习。在激发读者的学习积极性和合作热情的基础上，有效提高信息素养教育的成效。

根据美国大学与研究图书馆协会发布的《高等教育信息素养框架》，信息素养能力是指个体在面对多样化信息资源时，能有效利用不同平台、媒介和工具，高效获取信息、解读信息、进行信息管理、形成判断、阐发新思路并互动交流探究、分享协作的能力。当前，高校图书馆对读者信息素养教育的重视程度在逐渐提高，但由于读者的学习风格、性格特征、学习动机和社交技能各有不同，在传统的大班教育环境下，容易造成学习效果迥异，部分读者学习效率低下的现象。此外，相比其他课程，高校信息素养教育应更关注培训的普及性和实用性，使读者在科学理念的指引下，掌握较全面的信息知识与检索技能，进而具备驾驭各种信息载体来解决实际问题的能力。本节将 STAD 合作学习法应用于高校信息素养教育领域，以期提高高校信息素养教育的成效。

一、STAD 合作学习法的概念

STAD 合作学习法是"student"（学生）、"team"（小组）、"achievement"（目标）、"division"（划分）四个单词首字母的组合，又称小组成绩分工法。它是由美国约翰逊大学的斯莱文教授根据学习动机理论设计的一种教育组织形式，目前已在欧美国家广泛运用。其核心内容包括：首先，设置基础分和学生进步后所产生的提高分，以提高分为主要计分方式，使学生只与自己过去的成绩作纵向比较，无论成绩如何，只要进步就可以得到认可和奖励；其次，提高分包含"个人提高分"和"小组提高分"两个模块，学生的最终成绩是两者之和；最后，教师综合多种因素科学划分合作学习小组，引导学生通过个人努力、组内合作、组间竞争的方式来提高学习成效。因此，STAD合作学习法能有效消除传统教学模式中不利于后进生的各种因素，使不同层次的学生都能从中受益。

二、STAD 合作学习法的前期准备工作

（一）目标设定，课堂讲授 STAD 合作学习法的基本规则

在一些高校，信息素养教育课程一般由图书馆组织开展，图书馆馆员在其中发挥着主导作用。馆员在深入各学院调研，获取不同专业读者的信息需求，确定各专业信息素养教育目标的基础上，以班级为单位，向读者讲解STAD 合作学习模式的基本规则。首先，细致讲解 STAD 合作学习的任务目标，讲解基础分和提高分的设置及其评分标准，强调合作学习和集体成绩的

重要性，使读者明白在 STAD 合作学习模式下，个人目标和小组目标是相互统一的，小组的成功依赖于组内成员的共同努力。其次，向读者介绍开展 STAD 合作学习应具备的基本技能、技巧，例如，积极倾听、探讨、鼓励、赞扬、补充、总结等，引导学生在遇到无法解决的问题时，组内互助探讨，尝试解决。最后，告诉读者在 STAD 合作学习中，每个人都拥有均等的机会，竞争对手是过往的自己，无论优等生还是落后生都是组内平等的一员，只要努力就能实现自我超越，就能发挥各自的作用，为小组作贡献。这样，通过馆员的预热与动员，每位读者都能尽自己最大的努力为小组争取提高分，进而提高全体成员的学习动力。

（二）数据分析，科学组建 STAD 合作学习小组

馆员应充分调研，建立包含学生性别、前测学习成绩、学习习惯、性格特征、社交技能等方面的学生综合信息数据库。将班级学生按以下原则划分为 4~6 人的学习小组。首先，以前测学习成绩为参考，根据维果斯基的最近发展区理论，为实现"组内合作，组间竞争"的目标，采取"组间水平同质，组内水平异质"的形式，混合分组，做到各小组均包含不同学习层次水平的学生，即以中等生为主体，兼有优生和相对落后者；这样有利于学习成绩不同的学生实现组内互助，使优生、中等生和落后者都能发挥作用，相互补充，共同进步。与此同时，各小组的前测学习成绩和成员结构上的横向对比上，则须接近一致，以保证组间竞争的公平性。同时，还应注意平衡各小组成员的性别，并结合个人的学习风格、性格特征、社交技能，以学生自愿加入和馆员适当调度为原则，确立具有共同兴趣和目标的学习、科研小组，其中每组内至少应有一名性格外向的学生来调动气氛，以利于组内人际交往和维持纪律，进而保证小组讨论时组员参与度，团结组内成员，提高小组

凝聚力，创造良好的合作氛围。最后，还应合理分配组内成员角色及其职责。例如，组长一般由责任心较强、敢抓敢管的优生担任，负责关注小组的学习进展，监督、协调组员，确保每位小组成员都能参与进来；值日组长可以由组员轮流担任，负责联络组内其他成员，记录讨论内容，并及时汇报结果，在此基础上，小组进行沟通讨论，分配任务，组员独立收集资料，组内共享材料并共同努力开展课题研究。

三、STAD 合作学习法在高校信息素养课程中的有效嵌入

（1）图书馆馆员讲授信息检索基本技能。在互联网时代，信息资源具有多样化的特点，馆员应首先以大班为单位，并结合专业课程内容，讲解文献信息检索的思路、方法和技巧，帮助读者了解各类信息资源（包括馆藏数据库、常用工具书、常用网络搜索引擎、常用文献管理软件、"云端工具"远程资源共享软件等）的特点、用途及其使用方法，在引导读者整体认识信息资源的基础上，初步培养读者的信息洞察力和信息检索操作技能。

（2）主动创设问题研究情境，激发读者的思维火花。缺乏问题情境的信息素养课程是机械而刻板的。问题的解决，即检索知识的实践应用，是培养读者创新思维的关键。馆员应紧扣信息素养教育目标，结合读者已掌握的专业知识，设计具有较高探究价值，且条理清晰、生动有趣、难度适中、相互关联的检索知识问题链等。在此基础上，馆员可以从读者日常关注的信息检索问题谈起，用导引式教学方式吸引读者注意，在讲解信息检索的基本技能和重点、难点问题的同时，讲授论文写作与学术规范，并通过事先设计的问题链导入科研课题，引导读者探讨、确定最佳研究路径。通过这种方式，

馆员能有效激发读者的思维火花并推动继起的组内合作探究，使读者在解决科研实际问题的过程中，充分理解并实践检索技能。这样，读者在掌握信息素养课程内容的同时，也获得了问题解决的成就感。

（3）以读者为主体，开展组内合作学习与探究。在 STAD 合作学习模式中，个人目标的实现与小组目标的完成程度高度相关。馆员应充分发挥读者的主体作用，开展基于共同学习目标的高水平组内合作。首先，在馆员呈现信息素养实践课题后，应引导读者自行分配组内任务，使每位成员都担负起各自的职责，主动学习信息素养教育素材，登录图书馆网站初步自学信息检索技巧，实践、体验并应用信息检索的各个知识点；遇到问题先独立思考，个人努力，自主探究。其次，小组的学习材料每种只准备两份，以利于组员共享材料，开展课内外小组讨论活动。先行学会的读者要向其他有疑问的小组成员阐释学习内容并展示检索技巧；组员共同交流论证，积极互动，进而总结并统一组内答案和问题结论，以书面报告的形式提交给馆员。这样，每位读者在这种相互依赖的同伴合作学习过程中就可以获得其他组内成员的支持与帮助，彼此理解，共享成就，形成轻松愉快的学习氛围和良好的同伴关系；与此同时，读者的认知技能、人际交往能力和团队合作精神也将大大提高。

（4）跟踪小组合作学习的过程。馆员应持续跟踪小组合作学习的进展，调节、干预读者的行为，引导读者开展深度合作探究，进而完成信息素养课程的学习任务。首先，协调组内分工，适时调整小组成员承担的角色，保证组内沟通顺畅，控制各种检索技能的练习密度，抽查基础较差读者的知识点掌握情况，并利用正强化语言激发其学习自信心。其次，及时制止不参与合作学习的小组成员，避免个别组员包揽全部任务的现象；对不能适应合作学习的读者，进行个别干预，引导其融入同辈群体。最后，阶段性听取小组代表的学习进程汇报，共同梳理、总结培训内容。针对合作学习中难度较大或者分歧较大的内容，进行讲解示范，以启发读者的研究思路，进而架构科学的研究思维。

四、STAD 合作学习法在高校信息素养课程中的应用成效

在 STAD 合作学习模式中，如何科学、合理地设置信息素养教育课程的测评内容及计分标准，对于激发读者的学习动力与合作精神，实现小组合理分工，发挥着至关重要的作用。对此，笔者从读者的个人信息素养能力、小组课题任务完成度、团队合作程度三方面入手，以读者的"个人提高分"和"小组提高分"为主要计分标准，对读者的信息素养教育课程学习进度进行综合考核评价，并将其及时反馈给读者。

考核测评内容的设定。经过系统学习之后，馆员可采取过程评价与结果评价相结合的方式，个人与小组并重，开展针对信息素养教育培训效果的测评工作。具体包括：①个人信息素养能力，通过笔试和上机实践测试的方式，测验读者对各类信息素养基础知识的掌握程度和实践应用能力，例如，科研趋势的判断力、检索工具选择的适配性、检索步骤的规范性、关键信息源的获取率、信息内容的时效性和准确率等，占总成绩的40%。②小组课题任务完成度，即测试读者合作解决实际问题的能力，可参考小组的研究成果（例如，组内问题的解决率，小组目标的完成率，小组论文、专利成果的质量和数量等）来评分，占总成绩的35%。③团队合作程度，即读者在小组合作过程中的表现。例如，合作态度、互动参与程度及其在小组内发挥的作用，占

总成绩的 25%。

计分标准设定。在这里，笔者以提高分作为 STAD 合作学习考核评价的主要依据，馆员根据读者的学习成绩排名（例如，最近一次期末考试的班级排名，新生则参考高考成绩的班级排名），计算出每位读者在信息素养教育中的期望分数，将其作为基础分。提高分是读者经过 STAD 合作学习后，超过期望分数（基础分）的程度，也就是读者相比以往成绩的进步程度。例如，某位读者的基础分为 70 分，在信息素养课程的综合测试中，取得了 80 分的成绩（进步 10 分），那么，他的提高分就是 10 分。读者提高分的等级可参照如下规则划分：首先，个人的提高分为正数时，表明相比其过去的学习是进步的。提高分高于基础分 0 至 10 分的认定为"及格"；提高分高于基础分 10 至 20 分的认定为"良好"；提高分高于基础分 20 分以上的认定为"优秀"。其次，当个人获得的提高分低于基础分，表明相比其过去的学习是退步的，认定为"不合格"，其提高分终值统一视为 0 分。再次，为鼓励优等生的学习积极性，如果读者的测试成绩在 90 分以上，那么无论其基础分是多少，都统一视为"优秀"。最后，小组成绩是小组成员获得提高分的平均数，即馆员汇总组内各位成员的提高分，得出小组总成绩，再将其除以小组人数所得出的平均成绩，进而以此为依据评定小组等级，组员最终成绩是个人等级与小组等级的综合。在此基础上，图书馆可制定相应的奖励机制，对取得"优秀"等级的小组和个人进行表彰和肯定，实现以评促学。例如，与本校教务处合作，为进步明显的读者争取学分奖励；通过颁发证书、小奖品等方式给予物质、精神鼓励等，进而激发读者的个人成就感和集体荣誉感。

综上所述，STAD 合作学习法的考核评价方式能紧紧围绕"进步"与"合作"两个核心关键词，进而大幅度提高信息素养教育的教学成效。首先，由于读者的学习能力各不相同，这种考核评价方式可以抛开以往成绩，只关注学习进步，这就将学生个体间的竞争转化为个体自身的前后对比，能有效促使读者尽个人最大的努力去争取提高分。其次，无论读者之前是优等生还是相对落后者，在信息素养教育中，每位读者对小组的贡献机会都是均等的。个人成绩进步幅度越大，其提高分的数值就越高，对小组的贡献就越大，每位读者都有为个人和小组争取最高得分的机会。最后，组员最终成绩是个人等级与小组等级之和，也要求每位读者都有责任帮助其他组内成员积极开展合作学习，以确保小组任务的完成。

经验总结与反馈。在对读者的学习成果进行综合考核评价后，馆员应主动针对开展 STAD 合作学习的全过程进行系统总结与思考，并将其及时反馈给读者。首先，撰写工作日志，分析合作学习在信息素养教育课程中的数据结果，总结培训方案和测验设计等环节的成效。其次，组织读者在信息检索过程和科研探索过程中进行自我反省，发现自己在合作学习中的进步与不足，以不断优化信息检索策略，提高科学思维能力。最后，评价各小组在合作学习过程中发挥的作用，汇总各小组待改进的内容清单，查找落后小组合作低效的原因，同时鼓励落后小组向优秀小组学习成功经验。

此外，经过阶段学习，各小组成员的信息素养能力一般都会产生分化。馆员可以根据读者的综合成绩重新设置基础分和提高分，调整、改进信息素养教育课程的内容设置，确定下一阶段合作学习的目标，并以此为依据对各小组进行重新划分，均衡各小组的力量，组织开展新一轮的合作学习活动，进而大大增加读者之间的接触面，有效提高合作学习的活力。

第三节 高校艺术专业学生信息素养
教育中的现代技术应用

信息素养自从被提出以来，联合国教科文组织和国内外教育界就对这项综合教育倾注了极大的关注。进入 21 世纪以来，现代技术与信息社会的发展推动了利用现代技术进行信息素养教育的方式变革。本节通过联合国教科文组织和国外一些发达国家对信息素养教育的关注与发展推动再认识为基础，分析了我国高校艺术专业学生对信息素养教育的需求特点，列述了如何利用现代信息技术开展这项教育，最后指出了需要注意的两点事项。

一、联合国教科文组织与信息素养教育

信息素养是联合国教科文组织（UNESCO）优先发展的目标之一，并在建设知识社会、开发学习模式、促进文化发展、提升社会参与以及创造发展机遇的进程中，把信息素养当作一项核心任务。联合国教科文组织早在 1994 年发表的《公共图书馆宣言》中就把信息素养教育作为图书馆的使命之一。

进入 21 世纪以来，随着信息社会的不断发展，所有社会公众都将面临越来越大的信息公平获取与利用的挑战。为了应对这些挑战，促进全民的信息素养教育，联合国教科文组织在 21 世纪实施和发表了一些信息素养教育的应对项目和宣言。

（1）"全民信息计划"。2001 年，为了提高全民的信息素养，应对信息社会的挑战，联合国教科文组织创建了"全民信息计划"（IFAP，Information for All Program）项目，作为一个政府间的方案，世界各国政府承诺将利用信息时代的新机会，通过让民众更好地获取信息来创造一个公平的社会。

IFAP 强调信息素养是数字时代的一项基本人权，它促进社会上所有国家相互包容和融合。IFAP 的创立，为开展全民参与知识社会、获取信息与知识工作提供行动指导方针，在促进全民信息扫盲、提高保存信息认识、促进更好地认识信息和传播技术带来的影响等方面取得了切实成效。

（2）《布拉格宣言》。2003 年，在联合国教科文组织和美国全国图书馆和情报科学委员会联合召开的信息素质专家会议上发布了《布拉格宣言》。这次会议共有来自世界 23 个国家的 40 位代表讨论了信息素质问题。会议认为如何使人们从 Internet 时代的信息和通信资源及技术中受益是当今社会面临的重要挑战。会议将信息素质定义为一种能力，它能够确定、查找、评估、组织和有效地生产、使用和交流信息，并解决面临的问题。《布拉格宣言》宣称信息素质是人们有效参与信息社会的一个先决条件，是终身学习的一种基本人权。

（3）《亚历山大宣言》。2005 年 11 月 6～9 日在埃及亚历山大城，由联合国教科文组织、国际图书馆协会联合会（IFLA）和美国全国信息素质论坛联合召开了国际高级信息素质和终身学习研讨会，并发表了《亚历山大宣言》。《亚历山大宣言》宣称信息素质和终身学习是信息社会的灯塔，照亮了通向发展、繁荣和自由之路。信息素质是终身学习的核心。它能使人们在整个一生中有效地寻求、评价、利用和创造信息，以便达到其个人的、社会的、职业的和教育的目标。它是数字社会的一种基本人权，能丰富所有国家的社会内涵。

信息素养教育在国外。开展信息素养教育已是全球性的运动，在美国，自从信息素养概念由 1974 年信息产业协会主席 Paul Zurkowski 提出以来，美国学界与美国图书馆协会（ALA）就陆续开展了信息素养课程及其相关的研究。1990年，美国成立了由75个教育部门组成的名为信息素养论坛（NFIL）的组织，其宗旨为：提高全球和全美的信息素养意识，鼓励各种获得信息素养活动的开展。除了美国重视对信息素养的教育外，荷兰从20世纪90年代开始，在中学开设了信息与计算机的相关课程。英国在20世纪80年代进行了三次研究，讨论如何进行用户信息技能训练。澳大利亚在1992年召开了有关信息素养教育的全国会议。日本把培养学生的"生存能力"作为21世纪教育的发展方向。新加坡信息科技教育的主要目标是培养学生的创意思考能力，鼓励学生独立学习，掌握寻找全球信息的能力，确保每个学生有机会接触到信息技术。

二、高校艺术专业学生与信息素养教育

（一）高校艺术专业学生的信息素养教育需求

高校艺术专业学生在对综合性教育的信息素养教育需求上与一般专业学生有着有明显的区别，因而对高校专业艺术类学生和高校其他专业学生在信息素养的培养方式、培养目的上也存在明显不同。在平时的学习中，高校艺术类学生存在重专业知识轻文化学习的特点。这必然导致他们特别重视掌握专业知识，尤其是重视专业实践活动，如音乐专业的学生只重视声乐、器乐等专业课和文艺演出；设计专业的学生则过分依赖电脑。而对文化学习的忽略使得这类学生存在知识不系统，大量的业余时间乃至课堂学习时间都被艺术实践活动所占用的现象。同时，由于过分重视专业知识而忽视其他综合素养的提高，艺术类学生的文化素质和文化修养普遍较低，信息素养更是难以提高，不能满足整个社会与教育对他们的信息素养培养要求。在平时的实践和学习中，艺术类学生对与专业知识没有直接联系的教育内容与方

式没有兴趣，这是他们信息素养较低的一大主要原因，因此，高校开展艺术类专业学生的信息素养教育，需要的是能吸引艺术类学生兴趣的、结合实践教育的有效信息素养教育方式与内容，而不仅仅只是开设如信息检索课等信息素养教育课程。

（二）现代信息技术与艺术专业学生信息素养教育

美国课程管理协会通过的一项决议明文规定：信息素养教育包括伦理道德、技术、人文三个要素，是一种综合性教育。信息素养的最低层次是信息技能，即对信息技术相关知识和技能的掌握。学校可以把信息技术作为教学手段、认知工具、多学科渗透的渠道，整合到每一门学科教育中，使艺术类学生在学习和掌握专业知识的同时提高自己的信息技能。因此，高校对艺术专业学生的信息素养教育，不应只是在计算机学科教学中实施，而应该将迅猛发展的现代信息技术利用渗透到各门课程的计算机辅助教学和计算机教育管理的应用中。于是，哪些信息技术能应用到高校艺术专业学生的信息素养教育中，现代信息技术如何应用到高校艺术专业学生的信息素养教育中，便成了信息教育者乃至高校工作者所要研究的问题。

三、现代技术在高校艺术专业学生信息素养教育中的应用

（1）Web2.0 技术。Web2.0 具有用户数量增加、信息流通性加强、操作系统简捷等特点，实现了网络社会化和个性化的理想，使用户成为真正意义上的主体。我国高校对艺术类专业学生的信息素养教育可借鉴上海大学、厦门大学等高校积累的成功经验，建立渗透在艺术类专业课程的计算机辅助教学艺术专业咨询交流网；也可借鉴美国图书馆提供的图片、语言、视频等

实时通讯咨询方式，利用 IM 以补充表单咨询单一形式的新型参考咨询现状，与艺术学生进行及时准确的沟通或答疑，激发他们的艺术灵感和艺术欣赏水平。

（2）虚拟参考技术。虚拟参考咨询服务因其克服了地域和时间的障碍，丰富了信息源，拓宽了教育的领域和对象，因此得到了迅速的发展。国内诸如国家图书馆、北京大学图书馆、上海大学图书馆等都开始了对虚拟参考咨询服务的探索。虚拟信息参考咨询技术的出现，既满足了学生的信息需求，又在潜移默化中提高了大学生的信息素质。高校艺术教师可以使用 FAQs（Frequent Asked Questions）文档，解决学生存在的共同问题。同时，还可以借鉴美国加州大学 Irvine 分校图书馆利用虚拟参考技术建立的视频、文字等交流方式，在满足提高艺术专业学生艺术知识服务的基础上，以多种形式来提高他们的信息素养水平。

（3）云计算。云计算自 2006 年推出以来，已在多个领域引起了广泛的关注和研究，在企业界更是得到了很好的应用。高校应该充分发挥云计算节约使用成本、实现资源共享的优势，通过云计算共享艺术学生需要的资源，如感兴趣的艺术家表演视频等，为每位艺术生提供一个随时随地学习、获取和应用信息的服务平台。

（4）网络教学平台。利用信息技术开展基于网络的教学活动不受时间和空间的限制。注重教学的形象化、交互化和个性化的在线信息素质教育已经成为一些国家开展信息素质教育的主要方式。通过网络教学平台对艺术专业学生实施教育有着多种优势，因为在教学过程中，通过实时传递文字、声音、图形、动画、影像、电子课件等教学要素，可以使师生进行双向视听和问答，突破传统教育的时空限制，实现远程跨时空交互的教学方式。另外，通过多种教学要素，师生之间可以根据实际情况选择不同时间、不同地点进行教学设计和自我学习，满足师生个性化和交互性的需要，从而提高了教学的质量和学习的效率。

四、需要注意的问题

（1）高校艺术学生的信息素养教育是多种教育方式结合的综合教育。尽管基于现代信息技术的高校艺术专业学生信息素养教育能提高他们对信息的高效处理、加工、利用和检索能力，但诸如新生导读、文献检索课、专题讲座等形式的传统信息素养教育仍有着其难以替代的积极作用。作为一项综合性的教育，高校艺术类专业学生的信息素养教育必须是技术信息素养教育与传统信息素养教育相结合、图书馆等教育机构多方参与的教育方式。

（2）标准与体系的制定刻不容缓。一门高校课程标准、体系的合理制定对这门课程的科学发展有着重要的标准化、制度化的规范意义。世界上一些开展信息素养教育较早和成功的国家均制定了本国的标准和体系，如美国 ACRL 标准、澳大利亚与新西兰 ANZIIL 标准以及英国 SCONUL 标准等。制定标准可以强化艺术类学生对信息素养教育的重视程度，促进他们信息素养的全面提升。

参考文献

[1]曹娜．从信息检索技术的纳入谈高职课程体系的整体优化[J]．中国成人教育，2013（5）：144-145.

[2]曹娜．高职院校信息素养教育实施策略研究[J]．成人教育，2011（12）：72-73.

[3]董岳珂．发现系统引发的关于信息素养教育的思考[J]．图书馆论坛，2014（4）：58-63.

[4]高协，宋海艳，郭晶，等．面向创新的信息素养教育规划与实践：以上海交通大学图书馆为例[J]．图书情报工作，2013（2）：10-14.

[5]黄如花，钟雨祺，熊婉盈．国内外信息素养类MOOC的调查与分析[J]．图书与情报，2014（6）：1-7.

[6]李园园．基于用户需求的高校图书馆信息素养教育实践研究[J]．图书馆建设，2014（8）：56-59，55.

[7]明娟．高校信息素养教育游戏模式的探讨[J]．现代情报，2013（7）：147-150.

[8]潘燕桃，廖昀赟．大学生信息素养教育的"慕课"化趋势[J]．大学图书馆学报，2014（4）：21-27.

[9]沙玉萍，周建芳，刘桂芳．高校图书馆微视频服务研究：兼论信息素养教育微视频案例库[J]．图书情报工作，2015（15）：68-72.

[10]苏云．高校信息素养教育游戏化策略[J]．图书情报工作，2014（8）：53-58.

[11]孙西朝．基于新课程标准的教师信息素养教育探讨[J]．现代教育技术，2010（S1）：77-79.

[12]田芳．国内信息素养教育创新与实践[J]．高校图书馆工作，2012（5）：77-79.

[13]王友富．普及大学生信息素养教育，提振图书馆学学科地位[J]．大学图书馆学

报，2014（2）：68-71.

[14]叶小娇，李检舟，郑辅伦. 高校信息素养教育微课平台的构建研究[J]. 国家图书馆学刊，2014（4）：70-74.

[15]云霞，沈利华，李红，等. 高校信息素养教育"云服务"平台构建[J]. 现代教育技术，2013（5）：108-112.

[16]翟莹昕，刘晓峰. 全媒体时代嵌入式高校信息素养教育模式探析[J]. 教育与职业，2013（35）：76-177.

[17]张必兰. 信息素养教育的嵌入式教学研究[J].现代情报，2015（10）：147-150.

[18]张垒. 游戏嵌入信息素养教育机制研究[J]. 图书馆学研究，2013（19）：10-13.

[19]张立. 近十年来我国信息素养教育研究论文现状分析[J]. 图书馆工作与研究，2014（1）：63-66.

[20]张梅，黄晓鹂. 基于 Blackboard 平台的协作学习在信息素质教育的实证研究[J]. 新世纪图书馆，2013（2）：77-79.

[21]张瑞红. 高校信息素养教育的探讨[J]. 教育探索，2013（8）：100-101.

[22]赵飞，艾春艳. 高校信息素养教育与 MOOC 的有机结合[J]. 图书情报工作，2015（12）：52-58.

[23]周云，金中仁. 构建高职学生毕业设计（论文）信息素养教育体系的探索[J]. 中国职业技术教育，2010（11）：9-12.